"一带一路"列国人物传系　总主编◎王丽

智通商海新丝路

当代9人传

文　炜◎主编

华文出版社
中国出版集团公司

图书在版编目（CIP）数据

当代9人传：智通商海新丝路 / 文炜主编. —— 北京：华文出版社，2017.5

（"一带一路"列国人物传系）

ISBN 978-7-5075-4685-9

Ⅰ.①当… Ⅱ.①文… Ⅲ.①人物-列传-中国-现代 Ⅳ.①K820.7

中国版本图书馆CIP数据核字(2017)第081048号

当代9人传

主　　编：	文　炜
责任编辑：	谭　笑　黄彩霞
出版发行：	华文出版社
社　　址：	北京市西城区广外大街305号8区2号楼
邮政编码：	100055
网　　址：	http://www.hwcbs.com.cn
投稿信箱：	784263235@qq.com
电　　话：	总编室 010-58336239　发行部 010-58336267/58336230
	责任编辑 010-58336237
经　　销：	新华书店
印　　刷：	三河市东方印刷有限公司
开　　本：	880×1230　1/32
印　　张：	8.75
字　　数：	142千字
版　　次：	2018年7月第1版
印　　次：	2018年7月第1次印刷
标准书号：	ISBN 978-7-5075-4685-9
定　　价：	38.00元

版权所有 侵权必究

"'一带一路'列国人物传系"编辑委员会

指导单位：
中国文学艺术界联合会
中国社会科学院国家全球战略智库

编委会：
总主编： 王　丽
副主编： 唐得阳　王灵桂
委　员：（按姓氏笔画排序）

丁　冬	丁闻琦	丁　超	于　青	于福龙	马细谱	王　丽
王灵桂	王建沂	王郦久	王春阳	王洪起	王宪举	王　渊
文　炜	邓　伟	白明亮	冯玉芝	成　功	朱可人	刘　文
刘思彤	刘铨超	刘淅萍	安国君	孙钢宏	苏　秦	杜荣友
李一鸣	李永全	李垂发	李绍先	李玲玲	李贵方	李润南
宋　健	张　宁	张　敏	陈小明	邵诗洋	邵逸文	周山强
周　戎	周国长	庞亚楠	郑跃文	胡圣文	姜林晨	高子华
唐岫敏	唐得阳	董　鹏	韩同飞	景　峰	谢路军	翟文婧
鞠思佳						

支持单位：
中国社会科学院俄罗斯东欧中亚研究所
北京融商一带一路法律与商事服务中心

法律顾问：
北京德恒律师事务所

总　序

群星闪耀"一带一路"

"2100多年前，中国汉代的张骞肩负和平友好使命，两次出使中亚，开启了中国同中亚各国友好交往的大门，开辟出一条横贯东西、连接欧亚的丝绸之路。"[①]2013年9月7日，中国国家主席习近平在哈萨克斯坦纳扎尔巴耶夫大学发表演讲，以博古通今的睿智对大学生们娓娓道来丝绸之路古老而年轻的故事。

"我的家乡陕西，就位于古丝绸之路的起点。站在这里，回首历史，我仿佛听到了山间回荡的声声驼铃，看到了大漠飘飞的袅袅孤烟。这一切，让我感到十分亲切。哈萨克斯坦这片土地，是古丝绸之路经过的地方，曾经为沟通东西方文明，促进不同民族、不同文化相互交流和合作作出过重要贡献。

---

① 《习近平谈治国理政》，外文出版社，2014年10月第1版，第287页。

东西方使节、商队、游客、学者、工匠川流不息，沿途各国互通有无、互学互鉴，共同推动了人类文明进步。""不同种族、不同信仰、不同文化背景的国家完全可以共享和平、共同发展。这是古丝绸之路留给我们的宝贵启示"，"为了使我们欧亚各国经济联系更加紧密、相互合作更加深入、发展空间更加广阔,我们可以用创新的合作模式，共同建设'丝绸之路经济带'"。①推己及人，高瞻远瞩，引领时代，习主席在阿斯塔纳②通过哈萨克斯坦人民，首次向世界发出了让古老的丝路精神再次焕发青春和光彩的时代宣言。

2013年10月3日，习主席在印度尼西亚国会发表了题为《共同建设二十一世纪"海上丝绸之路"》的演讲："东南亚地区自古以来就是'海上丝绸之路'的重要枢纽，中国愿同东盟国家加强海上合作，使用好中国政府设立的中国－东盟海上合作基金，发展好海洋合作伙伴关系，共同建设21世纪'海上丝绸之路'"，"发挥各自优势，实现多元共生、包容共进，共同造福于本地区人民和世界各国人民"。③这个倡议和9月7日的演讲异曲同工、

---

① 《习近平谈治国理政》，外文出版社，2014年10月第1版，第287页。
② 哈萨克斯坦新首都名称。
③ 同①，第293-295页。

遥相呼应、互为映衬，完整地提出了"丝绸之路经济带"和"21世纪海上丝绸之路"的宏伟构想。

从广袤的亚欧腹地哈萨克斯坦到风光旖旎的印度尼西亚，习主席提出的"丝绸之路经济带"和"21世纪海上丝绸之路"吸引了世界各国的目光。从2013年9月至2016年8月，习近平出访37个国家（亚洲18国、欧洲9国、非洲3国、拉美4国、大洋洲3国），对"一带一路"倡议的总体框架和基本内涵做了充分阐述。和平合作、开放包容、互鉴互学、互利共赢的丝路精神，共商、共建、共享的合作理念，驱散了"去全球化"的阴霾，为增长低迷的世界经济注入新的动能。各国纷纷将本国经济发展与中国政府制定的《推动共建丝绸之路经济带和21世纪海上丝绸之路的愿景与行动》规划相衔接。"一带一路"倡导的政策沟通、设施联通、贸易畅通、资金融通、民心相通等"五通"，正在以基础设施、经贸合作、产业投资、能源资源、金融支撑、人文交流、生态环保、海洋合作等为载体和依托，在全球掀起了投资兴业、互联互通、技术创新、产能合作的新势头。2016年中国牵头成立有57个成员国加入的亚洲基础设施投资银行（AIIB），2017年3月23日迎来13个新伙伴。孟加拉配电系统升级扩容项目、印尼全国棚户区改造项目、巴基斯坦国家高速公路项目和塔吉克斯坦杜尚别至乌兹别克斯坦道路改造项目已经获得亚投行金融支持，共商共建成为现实。

"一带一路"倡议得到国际社会的热烈响应。2016年11月17日，第71届联合国大会193个成员一致赞同，通过了第A/71/9号决议，欢迎"一带一路"倡议，敦促各国通过参与"一带一路"，呼吁国际社会为开展"一带一路"建设提供安全保障环境。2017年3月17日，联合国安理会全票赞成，一致通过第2344号决议，呼吁国际社会凝聚援助阿富汗共识，通过"一带一路"建设等加强区域经济合作，敦促各方为"一带一路"建设提供安全保障环境。

2017年1月，习近平主席在联合国日内瓦总部发表题为《共同构建人类命运共同体》的重要演讲，全面深入系统阐述人类命运共同体重大理念，在国际上引起热烈反响，受到各方普遍欢迎和高度评价。3月23日，联合国人权理事会第34次会议通过关于"经济、社会、文化权利"和"粮食权"两个决议，决议明确表示要通过"一带一路"建设"构建人类命运共同体"。这是人类命运共同体重大理念首次载入人权理事会决议，标志着这一理念成为国际人权话语体系的重要组成部分。

"一带一路"不是中国的独角戏,是与亚、欧、非洲及世界各国共同奏响的交响乐。中国恪守联合国宪章的宗旨和原则,坚持开放合作、和谐包容、政策沟通,培育政治互信,建立合作共识,协调发展战略、促进贸易便利化及多边合作体制机制。中国携手100多个国家和地区,依托国际大通道,以陆上沿线中心城市为支撑,以重点经贸产业园区为合作平台,共同打造新亚欧大陆桥、中蒙俄、中国－中亚－西亚、中巴、孟中印缅、中国－中南半岛等国际经济合作走廊进展顺利,中欧班列在贸易畅通上动力强劲,风景亮丽;以海上重点港口为节点,共同建设通畅安全高效的运输通道,实现陆海路径的紧密关联和合作,太平洋、印度洋、大西洋上巨轮往来频繁,不亦乐乎。亚太经合组织、亚欧会议、大湄公河次区域合作等有关决议或文件,都体现了"一带一路"建设内容。丝路基金、开发性金融、供应链金融汇聚全球财富,建设绿色、健康、智慧与和平的丝绸之路,增进各国民众福祉。

"一带一路"是人类历史上从未有过的恢弘蓝图,也是横跨亚非欧连接世界各国的暖心红线。"丝绸之路经济带"包括中国经中亚、俄罗斯至欧洲(波罗的海),中国经中亚、西亚至波斯湾、地中海,中国至东南亚、南亚、印度洋;"21世纪海上丝绸之路"包括从中国沿海港口过南海到印度洋再延伸至欧洲和到南太平洋。一路驼铃声声、舟楫相望,互通有无、友好交往。

在新的时代,在创新古老丝路精神的伟大进程中,习主席专门缅怀丝路开拓者,特意致敬古丝路精神奠基人:"我们的祖先在大漠戈壁上'驰命走驿,不绝于时月',在汪洋大海中'云帆高张,昼夜星驰',走在了古代世界各民族友好交往的前列。甘英、郑和、伊本·白图泰是我们熟悉的中阿交流友好使者。丝绸之路把中国的造纸术、火药、印刷术、指南针经阿拉伯地区传播到欧洲,又把阿拉伯的天文、历法、医药介绍到中国,在文明交流互鉴史上写下了重要篇章。千百年来,丝绸之路承载的和平合作、开放包容、互学互鉴、互利共赢精神薪火相传。"①这种吃水不忘挖井人的情怀,再次展现了中华民族不忘历史、纪念先贤、展望未来的优秀文化基因,也为中国传记文学学会参加"一带一路"建设指明了方向和道路。

在古老的丝绸之路上,我们不曾相忘:张骞出使西域到过的哈萨克斯坦,山高水长的好邻居巴基斯坦,双头鹰下横跨欧亚之国俄罗斯,草原之国蒙

---

① 习近平:《弘扬丝路精神,深化中阿合作》,2014年6月5日,习近平在中—阿合作论坛第六届部长级会议开幕式上的讲话,《人民日报》6月6日第1版。

古，喜马拉雅浮世天堂尼泊尔，菩提恒河保佑之国印度，文化瑰宝伊朗，首创法典之国伊拉克，红海门户之国也门，石油王国沙特阿拉伯，波斯湾明珠巴林，雪松之国黎巴嫩，海湾之秀科威特，沙漠之巅阿联酋，半岛明珠之国卡塔尔，波斯湾霍尔木兹海峡守门人阿曼，万湖之国白俄罗斯，欧亚十字路口土耳其，流着奶和蜜之地以色列，欧洲粮仓乌克兰，亚平宁半岛上的文化巅峰意大利，阿尔卑斯之巅的瑞士，玫瑰之国保加利亚，与灵魂对话的思辨之国德意志，欧洲文化殿堂法兰西，欧洲客厅比利时，郁金香之国荷兰，热情如火的西班牙，还有正在脱欧的绅士国度英国，北非金字塔之国埃及，非洲屋脊奉马蹄莲为国花的埃塞俄比亚，香草大岛之国马达加斯加，等等。

  沿着海上丝绸之路，我们会领略丛林花园之国马来西亚，花园国度新加坡，千岛之国菲律宾，赤道翡翠之国印度尼西亚；沿澜沧江一路南下，我们不曾相忘澜湄泽润之国越南，千佛之国泰国，高棉的微笑之国柬埔寨，万象之都老挝，印度洋上明珠之国斯里兰卡，印度洋上的明星和钥匙毛里求斯，堆金积玉之国文莱，追求自由之国东帝汶，印度洋世外桃源马尔代夫，骑在羊背上的国家澳大利亚，上帝的后花园新西兰，等等。

"一带一路"沿线国家里,那些千百年来影响了人类与国家、民族命运并与中国曾经有过交往的古今人物,至今还能在教科书、影视剧里看到他们,还能感受到他们在一代一代年轻人身上所生发的影响和魅力。

当然,对于中国人来说,更为熟悉的是丝绸之路的开拓者。曾记否?丝绸之路开拓者中,有汉武帝和他的使节们,有首开大唐盛世的唐太宗及其无数臣民,有再续睦邻通商航海路的宋祖朝廷和无数先贤,还有金戈铁马风漫卷的元代人物,一统江山万里帆的明代人物,环球凉热自清浊的清代人物,东西碰撞溅火花的近代人物,还有经受风雨变迁、勇立海国之志的现代人物,更有丝路明珠敦煌莫高窟的守护者,卫国助邻的将军和通司中外的外交家们。当然,数风流人物,还看今朝,我们不能不浓墨重彩地讴歌那些智通商海,投身到新丝路建设中的当代人物。

耕云播雨,香火延续,智慧传承,历史再续!2100多年的友好交往历史从未隔断,惠及三大洲的中西交通从未停歇,21世纪的"中国梦"和"世界梦"汇成了人类命运共同体的时代和弦,响彻在"一带一路"辽阔的长空。也正因如此,2017年5月,北京喜迎来自"一带一路"相关国家的元首、政府首脑、前政要、知名企业家和专家学者等各界代表,以及国际组织的负责人等千名领袖,出席"'一带一路'国际合作高峰论坛"。"千人盛会"共襄"团结互信、平等互利、包容互鉴、合作共赢"①之盛举,共商"沿线各国共同把蛋糕做大,一起分蛋糕"之合作共赢大计。这是中华民族和世界历史上都应该铭记的大日子。

以人物传记写作为己任的中国传记文学学会,在"一带一路"倡议实施中,肩负"讲好一带一路民心相通好故事"的使命和责任,这也是国家赋予我们的根本职责和任务。在中国文学艺术界联合会的领导下,在中国社会科学院国家全球战略智库指导下,中国传记文学学会以赤诚的家国情怀、强烈的时代精神、为人传记的责任担当,在认真调研、周密谋划、精心组织基础上,毅然决定倾注全力组织编写出版"'一带一路'列国人物传系"。此煌煌百卷传系讲述近千名各国人物故事,集数百位专家作家尽心挥毫,去冬今春,夜以继日……幸得中国出版集团公司华文出版社出版发行。于是,各位读者得以读到手中的这套活泼而不失厚重、有趣而不失学养的列国人物合传书卷。

---

① 习近平:《弘扬人民友谊,共创美好未来》,2013年9月7日,习近平主席在哈萨克斯坦纳扎尔巴耶夫大学的演讲。

孔子曰："仁者，人也。"让各国的先贤智者的思想光辉，照亮我们探索人类未来的道路。

传记明志，落笔为文，是为总序。

中国传记文学学会会长
"'一带一路'列国人物传系"编委会总主编
王丽 博士
2018年3月8日

General Editor's Preface

The Belt and Road Initiative was conceived in 2013. On September 7, 2013, Chinese President Xi Jinping proposed for the first time the blueprint in a speech at Nazarbayev University during his visit to Kazakhstan:

> Over 2,100 years ago during China's Han Dynasty, a Chinese imperial envoy Zhang Qian visited Central Asia twice to open the door to friendly contacts between China and Central Asian countries as well as the transcontinental Silk Road linking East and West, Asia and Europe.
>
> Shaanxi, my home province, is right at the starting point of the ancient Silk Road. Today, as I stand here and look back into history, I could almost hear the camel bells ringing in the mountains and see the wisps of smoke rising

from the desert. It has brought me close to the place I am visiting. Sitting on the ancient Silk Road, Kazakhstan has made important contributions to the exchanges and cooperation between different nations and cultures. This land has witnessed a steady stream of envoys, caravans, travelers, scholars and artisans traveling between the East and the West. The exchanges and mutual learning thus made possible have contributed to the progress of human civilization.

... Countries with differences in race, belief and cultural background are fully capable of sharing peace and development. This is the valuable inspiration we have drawn from the ancient Silk Road.

... To forge closer economic ties, deepen cooperation and expand development opportunities between Eurasian countries, we should innovate the mode of cooperation and jointly build an "economic belt along the Silk Road".[1] Considering the interests of the world commnity, taking a broad and long view and leading the new era, in Astana, President Xi, through the people of Kazakhstan, for the first time issued a declaration to the world that the old Silk Road

---

[1] Xi Jinping, *The Governance of China* (Beijing: Foreign Languages Press, 2014) 287.

spirit would once again be rejuvenated and radiant.

On October 3, 2013, President Xi brought up this topic again in his address to the Indonesian Parliament under the title "Jointly Building the 21st Century Maritime Silk Road":

> Southeast Asia has since ancient times been an important hub along the ancient Maritime Silk Road. China will strengthen maritime cooperation with ASEAN countries to make good use of the China-ASEAN Maritime Cooperation Fund set up by the Chinese government and vigorously develop maritime partnership in a joint effort to build the Maritime Silk Road of the 21st century. China is ready to expand its practical cooperation with ASEAN countries across the board, supplying each other's needs and complementing each other's strengths, with a view to jointly seizing opportunities and meeting challenges for the benefit of common development and prosperity.[①]

The two talks framed the full picture of the

---

① Xi Jinping, *The Governance of China* (Beijing: Foreign Languages Press, 2014) 293-295.

conceptual "Silk Road Economic Belt" and the "21st Century Maritime Silk Road", which are collectively referred to as "The Belt and Road Initiative". Between September 2013 and August 2016, President Xi visited 37 countries (18 in Asia, 9 in Europe, 3 in Africa, 4 in Latin America and 3 in Oceania), giving a full exposition of the Belt and Road Initiative, from its overall framework to various details. The milieus of peaceful and all-win cooperation, financial integration, trade liberalization, and people-to-people bonds dispel the haze of anti-globalization and inject new vitality to the stagnant world economy.

The Belt and Road Initiative has been received with global enthusiasm. On November 17, 2016, all 193 member states of the United Nations unanimously passed the Resolution No. A/71/9 during the 71st Session of the United Nations General Assembly. This resolution endorsed China's Belt and Road Initiative, encouraged UN member countries to participate in the Initiative, and urged the international community to provide a safe environment for the implementation of the Initiative.

The Belt and Road Initiative is not a solo of China, but a symphony of countries from Asia, Europe, Africa and the rest of the world. By observing the Charter of the United Nations, China adheres to openness and cooperation, harmony and inclusiveness as well as policy coordination in order to bolster mutual political trust, reach cooperation consensus, coordinate development strategies, facilitate trade, and introduce multilateral cooperation mechanisms. China has established partnerships with over 100 countries and international organizations with the goal of jointly building a new Eurasian Land Bridge and developing China–Mongolia–Russia, China–Central Asia–West Asia, China–Pakistan, Bangladesh–China–India–Burma, and China–Indochina Peninsula economic corridors by taking advantage of international transport routes, relying on core cities along the Belt and Road and using key economic industrial parks as cooperation platforms. At sea, the Initiative will focus on jointly building smooth, secure and efficient transport routes connecting major sea ports along the Belt and Road, so as to achieve a closer connection and cooperation between land and sea routes, with the Pacific, Indian and Atlantic Oceans frequented by ships and vessels. Meanwhile, the Asia-Pacific Economic Cooperation

(APEC), the Asia-Europe Meeting (ASEM), the Greater Mekong Subregion (GMS) Economic Cooperation and many other regional cooperation mechanisms have included the Belt and Road Initiative in their relevant resolutions and documents.

We shall never forget the countries along the ancient Silk Road: Kazakhstan, the country visited by the Han Dynasty imperial envoy Zhang Qian; Pakistan, China's friendly neighbor bound by mountains and rivers; Russia, a country symbolized by a double headed eagle; Mongolia, the prairie country; Nepal, the paradise on the Himalayas; India, a land blessed by the holy river Ganges; Iran, a country full of cultural treasures; Iraq, the country where the famous *Code of Hammurabi* originates from; Yemen, the gate to the Red Sea; Saudi Arabia, the kingdom of petroleum; Bahrain, the pearl of the Persian Gulf; Lebanon, a country of cedars; Kuwait, a rising star of the Persian Gulf; United Arab Emirates, a diamond on the desert; Qatar, a gem on the Arabian Peninsula; Oman, the gatekeeper of the Hormuz Strait; Byelorussia, a country with myriad lakes; Turkey, the center of the crossroads of Eurasia; Israel, a country full of milk and honey; Ukraine, the granary of Europe;

Italy, the pinnacle of culture on the Apennine Peninsula; Switzerland, a country in the Alps; Bulgaria, the land of roses; Germany, a home to great minds; France, the cultural palace of Europe; Belgium, the drawing room of Europe; the Netherlands, a garden of tulips; Spain, the land of passion; United Kingdom, the country of gentlemen which is breaking from the EU; Egypt, a country of pyramids in North Africa; Ethiopia, the roof of Africa whose national flower is Calla Lily; Madagascar, the island nation where vanilla grows, and so on.

The Maritime Silk Road links Malaysia, a country of forests and gardens; Singapore, the flowery country; the Philippines, the country of a myriad of islands; and Indonesia, the emerald of the equator. Along the Lantsang River down to the south, we will pass Vietnam, the land nourished by the Mekong River; Thailand, a country of thousands of Buddhist temples; Cambodia, the home to Khmer smiles; Laos, the land of a million elephants; Sri Lanka, a bright pearl in the India Ocean; Mauritius, the shining star and key of the Indian Ocean; Brunei, a kingdom of gold and green; East Timor, a nation of independence; Maldives, a paradise in the India Ocean; Australia, the nation riding on the sheep's back; New

Zealand, the back garden of God, and so forth.

In the countries along the Belt and Road, names of distinguished figures, ancient or modern, who have affected the destiny of mankind, who have rewritten the history of nations, and who have had contacts with China, can still be found in today's textbooks, films and TV shows. We can still feel their enduring influence and charm on generations of young people.

Of course, for the Chinese people, the pioneers of the ancient Silk Road are more familiar. Yet, those who have devoted themselves to the building of the new Silk Road equally deserve our respect. In May 2017 during the Belt and Road Forum for International Cooperation, Beijing welcomed thousands of guests from around the world, including heads of state, heads of government, former politicians, business leaders, experts, scholars, and principals of international organizations. They gathered together in the common spirit of solidarity and mutual trust, equality and mutual benefit, inclusiveness and mutual learning, and win-win cooperation, to discuss how countries along the Belt and Road can work together to make the "pie" bigger and shared by all for mutual benefit.[①] This is a big day that should be remembered as a landmark in the history of the Chinese nation and the world.

The Biography Society of China, which makes it its mission to promote biography writing, shoulders the task and responsibility of telling well the stories of friendly exchanges among people of countries along the Belt and Road. This is also the fundamental duty and task assigned to us by our nation. Therefore, through careful investigation and passionate planning, the Biography Society of China decided to publish a hundred-volume series titled *Remarkable Lives Along the Belt and Road*. This project receives support from the China Federation of Literary and Art Circles and guidance from the National Institute of International Strategy of Chinese Academy of Social Sciences. From last winter till this spring, hundreds of experts were working around the clock on the biographies of a thousand remarkable lives. Here the series is presented to you.

As Confucius said, "Humanity is of humans". Let the lights of those great minds and lives illuminate our future

---

① Xi Jinping, "Promote People-to-People Friendship and Create a Better Future", Speech delivered at the Nazarbayev University, Kazakhstan, September 7, 2013.

path of exploration.

Comments, criticism and suggestions will all be appreciated.

Dr. Wang Li
Chairwoman:
The Biography Society of China
General Editor:
Remarkable Lives Along the Belt and Road
March 8, 2018

目 录

引　言 / 王灵桂 ……………………………………………… 1

"穷人经济学家"——蔡昉 / 周艳 ……………………… 9
　　引　子 ………………………………………………… 9
　　1. 割不断的"三农"情结 …………………………… 11
　　2. 30年经济发展的"旁观者" ……………………… 17
　　3. 人与经济的"博弈" ……………………………… 22

铁骨铮铮外交家——沙祖康 / 朱可人 ………………… 30
　　引　子 ………………………………………………… 30
　　1. "农民外交官"的成长史 ………………………… 33
　　2. 铁血丹心的"沙大将军" ………………………… 44
　　3. 改革开放以来多边外交的突破者 ……………… 54
　　4. 贡献"一带一路" ………………………………… 64

外柔内刚外交官——华黎明 / 周艳 …………………… 67
　　引　子 ………………………………………………… 67

1. "被安排"也是一种幸福 …… 70
2. 外交官初成记 …… 75
3. 这个大使能做点事 …… 81
4. 这是个友善的大使 …… 84

蓝迪国际智库掌门人——赵白鸽 / 文炜 …… 91
  引　子 …… 91
  1. "白鸽"成长史 …… 93
  2. 让中国的生殖健康研究走向世界 …… 102
  3. 女司长的三大"国家工程" …… 105
  4. 让世界了解中国 …… 108
  5. 中国人道事业的开拓者和实践者 …… 114
  6. "一带一路"践行者 …… 118

民企出海领航人——郑跃文 / 王健任 …… 125
  引　子 …… 125
  1. 为企业海外投资搭建服务平台 …… 127
  2. 打造一个"与众不同"的商会 …… 129
  3. 让企业助力"一带一路"建设 …… 136
  4. 当好政府和企业的桥梁和纽带 …… 138
  5. 防范风险，让企业"走得稳""走得远" …… 140
  6. 好日子要和非洲兄弟一起过 …… 144

从"装备中国"到"装备世界"——张新 / 王新红 ... 153
引 子 ... 153
1. 鲲鹏击浪从兹始 ... 154
2. 上下求索三十载 ... 159
3. 丝绸之路上的光明使者 ... 164
4. "一带一路"上的行业领跑者 ... 169

全球信息高速公路的建设者——王建沂 / 方琦 ... 175
1. 打造"中国智造"的标杆 ... 175
2. 实业报国,铺设全球信息高速公路 ... 181
3. 商之大者,为国为民 ... 186

"一带一路"脑外脑——王辉耀 / 朱可人 ... 189
引 子 ... 189
1. 以超前眼光开启中国与世界 ... 191
2. 用跨界思路创办智库,开拓中国智库创新 ... 199
3. 智库发展与"一带一路"建设 ... 209
4. "一带一路"与人才兴国 ... 214

"一带一路"法律服务探索者——王丽 / 文炜 ... 219
引 子 ... 219
1. 千人大所之梦 ... 221
2. 驶向市场经济的蓝海 ... 227

3. "走出去"天高海阔 …………………… 230
4. 首创"一带一路服务机制" …………… 234
5. 创建"一带一路国际商事调解中心" …… 241
6. 法律人的使命 ………………………… 243

后　记 …………………………………… 246

Contents

Introduction / 1

Cai Fang: The Economist for the Poor / 9

Sha Zukang: A Hardline Diplomat / 30

Hua Liming: An Iron Fist in a Velvet Glove / 67

Zhao Baige ("White Dove"):
Chairwoman of Research and Development International (RDI) / 91

Zheng Yuewen:
The Steersman of Outbound Chinese Businesses / 125

Zhang Xin:
From China's Leading Electric Equipment Supplier to the World's / 153

Wang Jianyi:
The Builder of the Global Information Infrastructure / 175

Wang Huiyao:

    The Head of the Think Tank of "The Belt and Road Initiative" / 189

Wang Li:

    A Pioneer Name in the Legal Services for "The Belt and Road Initiative" / 219

Afterword / 246

引 言

汉武帝建元二年（前139），张骞奉旨出陇西经匈奴西行至大宛，经康居抵达大月氏再至大夏。这次外交活动，奠定了张骞在中华民族历史上的地位。自此，丝绸之路贯穿了随后的2100多年的东西经济文化交流。

明成祖永乐三年（1405），郑和奉旨率领由240多艘海船、27400名船员组成的船队远航，开启了郑和七下西洋的壮举。在这次历时28个寒暑的远航中，郑和访问了爪哇、苏门答腊、苏禄、彭亨、真腊、古里、暹罗、阿丹、天方、左法尔、忽鲁谟斯、木骨都束等30多个亚非国家和地区。英国前海军军官、海洋历史学家孟席斯(Gavin Menzies)在其代表作《1421年：中国发现世界》中，经过严肃认真的考证后，提出了郑和船队先于哥伦布发现美洲大陆、大洋洲等地，郑和的航行比哥伦布发现美洲大陆早87年，比达·伽马早92年，比麦哲伦早116年的著名论断。此言不虚，在世界航海史和中外交通史上，郑和开辟的贯通太平洋西部与印度洋等大洋的直达航线，后来被人尊称为海上丝绸之路。直至今日，在海上丝绸之路沿途国家，仍能感受到郑和带去的传播中华民族文化的韵律。

张骞们在大漠戈壁上的"驰命走驿"，郑和们在茫茫大洋中的"云帆高张"，走在了古代世界各民族友好交往的前列，在中外文明交流互鉴历史上写下了辉煌篇章。"一带一路"倡议的提出，让以张骞为代表的陆上丝绸之路的先驱和先贤们，再次鲜亮地出现在世人的眼前，让以郑和为代表的海上丝绸之路的文化传播者们，再次唤起了人们对古老中华文明的向往。和平合作、开放包容、互学互鉴、互利共赢的丝路精神，成了今天"一带一路"倡议不断开枝散叶、迅速普及、一呼百应的深厚土壤，历史积蕴和代代相传之薪火。

辉煌的陆上和海上丝绸之路所创造的优秀历史基因，是张骞们在荒芜的沙漠中一步一步丈量出来的，是郑和们一舟一桨划出来的，他们是丝路文化的创造者和奠基者。作为处于"一带一路"建设中的当代人，我们理应是他们薪火的相传者、发扬者、光大者，理应从古老文明和优秀文化基因中汲取智慧，才能在新的时期做到"五色交辉，相得益彰；八音合奏，终和且平"。因此，我们在回首张骞和郑和他们辉煌的同时，还应有"数风流人物，还看今朝"的责任担当和时代气魄。

值得庆幸的是，中国传记文学学会在各界的大力支持下，组织编写出版了百卷本"'一带一路'列国人物传系"。"一带一路"先贤先驱群星璀璨，"一带一路"当代英杰层出不穷，让我们看到了中华文明世代接力者们的卓越风采，聆听到了"智通商海新丝路"上的华美乐章。

我们深知，自从"一带一路"倡议提出以来，无数有志者默默耕耘，无数学者皓首穷经，凿通"一带一路"的学问之路，将学术殿堂与"一带一路"建设紧密结合，勾画出将中国经验与各国需求相结合的愿景规划；无数外交战线上的使者，用自己的智慧维护和捍卫着祖国的利益，以独特而开阔的世界眼光和同行们谱写着"一带一路"的时代篇章；无数企业家在"一带一路"沿线沿途国家把民心相通落到实处，把习总书记的蓝图一笔一笔地转化成深受当地人民欢迎的各种便利设施和服务；无数法律工作者以其专长，奔走于"一带一路"的广袤土地上，为人们解惑、维权，为"一带一路"的推进提供牢固的法律保障……这些不同行业的人,是我们这个充满希望的时代的播种者和耕耘者,是我们这个伟大时代里最可爱的人!向他们致敬,为他们立传,是我们传记文学工作者义不容辞的使命和责任!

因此,我们怀着谨慎而恭敬的心情,在宛若银河的璀璨群星中,非常细心地搜寻和斟酌,最终在各行业中确定了9位代表性人物,作为我们首批立传的主角。

驰名中外的"穷人经济学家"蔡昉教授,他的学问独树一帜、问鼎巅峰、经世济用,是"一带一路"理论研究的领军者。"中国社科院是中国哲学社会科学的最高研究机构,中国社科院国家全球战略智库是中央确定的25家国家高端智库试点单位之一。服务'一带一路'建设既是我们的责任,更是我们的义务。我们愿意进一步加强与'一带一路'各国及世界各国人文社会科学研究机构之间的交流合作,进而产生对国家有益、为人民造福的学问和政策建言。"独行快、众行远,淡泊儒雅中透着深厚人格魅力的蔡昉教授,以他特有的学者风范,向有志于"一带一路"研究的人们张开了热情的怀抱,发出了诚挚的邀请,提出了明确的要求。

作为外交官的沙祖康大使以比张飞更猛、比子龙更细的外交风范,在与对手的亲切握手中,有理有力地维护着祖国的利益。在"银河号"事件中，这位外交老将铁骨铮铮，力挽狂澜，迫使对手知难而退。2003年10月，被各国代表推选为联合国第50届贸发大会理事会主席、联合国第11届贸发大会筹备委员会主席，集两个主席于一身，开创了中国自恢复联合国席位以来的外交先河；在担任联合国副秘书长期间，他促成了联合国"可持续发展目标（SDGs）"的通过。沙大使曾自豪地说，"所有的谈判，都争取到了最好的结果"，"从来没有输过"，这对一个从事外交工作40年的外交官来说，殊为不易。退休后的沙大使退而不休，以其多年练就的外交功力，在"一带一路"建设中继续发挥着独特的作用。

担任周恩来总理首任波斯语翻译的华黎明大使，曾担任中国多国驻外大使，谙熟欧亚国家的外交气象。这位表面儒雅的老人，内心有着近乎执著的力量，不盲从、不冲动，坚定地走自己的路。在中国外交的转型期，伊朗、阿联酋、荷兰，一个个陌生的国度，华黎明受命而去，载誉而归。这位外柔内刚的外交官，虽已78岁高龄，却宝刀未老，依然活跃在"一带一路"的研究与公益事业上，为国家利益奔走呐喊。

自从习近平主席提出要建设中国特色新型智库以来，赵白鸽的名字就和智库建设联系在一起了。从北京到克拉玛依，从乌鲁木齐到瓜达尔港，从中国到西亚、南亚、东南亚、欧洲,这只不知疲倦的"白鸽"曾作为国际红十字与红新月会国际联合会副主席,在国际舞台发出"中国声音",又在"一带一路"上四处奔走广交朋友。她在世界舞台上喊出了"一带一路"的时代之声,被业界尊称为中国特色新型智库建设的忠实践行者。

闯劲十足而为人低调的民企出海领航人郑跃文,领衔中国民营经济国际合作商会和中非民间商会,为企业海外投资搭建服务平台,打造"与众不同"的商会,助力民营企业家们"抱团出海"防范风险,在"一带一路"建设中"走得稳""走得远"。他带领中国企业家走进非洲,把好日子和非洲兄弟一起过。

从"装备中国"到"装备世界"的张新,放弃了国有大型企业当干部的机会,把一个濒临倒闭的街道小厂培育成为数不多的A股上市公司,在输变电和新能源领域打造了两个世界级的"巨舰"。

全球信息高速公路的建设者、超导专家王建沂领军富通集团打造"中国智造"的标杆,笃行实业报国,铺设全球信息高速公路。光其通信产业市场占有率达全国第二、全球第四位。这位为国为民的光纤大商正带领富通人奋发创新,布局全球信息路网,追逐实业报国的梦想。

创立中国与全球化智库(CCG)的王辉耀理事长,

堪称"'一带一路'脑外脑",他的一系列头衔都与人才相关。中国国际人才、欧美同学会、中国留学人员联谊会、中国人才研究会等,是一名到处为"一带一路"人才工程呐喊的探路者。

致力于"一带一路"法律服务的探索者、德恒律师事务所创始人王丽,牵头创建了为企业提供商事和法律服务的"一带一路服务机制",建立了以东方智慧解决矛盾纠纷的"一带一路国际商事调解中心"及其在线调解系统,体现了"一带一路"建设中的中国法律服务"软实力"。

上述各位在各自行业中以其骄人的业绩和众望,入选我们的首批传主名单。这份星辉熠熠的名单展示了一幅充满生机活力和无限创意精神的时代画卷。这是三千弱水之一瓢,是浩瀚星空中的代表星座,是勃发春天里满园春色之一抹。这9个人是本行业无数精英和建设者的代表。从这个意义上说,当代"一带一路"建设者们的名单,是一串漫长而无止境的名单。是他们续写着历史、创造着历史、推动着历史的车轮滚滚向前。本卷9位传主所代表的时代佼佼者们,是"人类命运共同体"大合唱中高亢的声部,是"世界梦"鸿篇巨制中精彩的篇章,是"一带一路"建设中的厚重脊梁和坚固支柱!

本卷的出版仅仅是个开始。今后,我们将竭尽全力把那些为"一带一路"添彩增辉的创造者、建设者的业绩、足迹逐一记录下来,为他们立传,为时代讴歌,为"一带一路"的壮美画卷续添豪迈气势和美好的故事。斯为我们之追求,也当为读者之所盼。

(王灵桂)

"穷人经济学家"——蔡昉

引 子

"世界上大多数人是贫穷的,如果你懂得了穷人的经济学,那么你就会懂得许多真正重要的经济学。"世界著名人力资源学家、诺贝尔经济学奖获得者西奥多·舒尔茨如是说。

"鉴于世界上大多数穷人靠农业谋生,如果你懂得了农业,那就意味着你真正懂得了穷人的经济学。"1998年以《穷人的经济学:农业依然是基础》惊动中国经济学界的蔡昉教授也如是说。

上述两段话也许是巧合,也许是互为启迪。但是,这种追求造就了蔡昉这

经济学家蔡昉

位闻名中外的"穷人经济学家"。

　　这个自觉将自己定位为"穷人经济学家",并致力于此的人,其实早在攻读硕士学位时就展示了这种不同凡响的学术追求。1983年,蔡昉和几位同学受当时中央书记处农村政策研究室委托,前往安徽和江苏两省进行"卖粮难"的调查。这是他第一次做专业性调查研究。在调研中,蔡昉亲眼看到,"身背花鼓走四方"的农民仅仅因为包产到户这样简单的改革就有了截然不同的劳动表现,从而根本改变了自己的命运、中国农民的命运乃至中国的命运。他感受到了劳动积极性提高所产生的巨大力量,以及调动这种积极性所产生的巨大制度力量。此后,蔡昉又深入山西、河北、浙江、福建和广东等地进行调研，广泛地了解了我国农业、农村和农民的现状与问题。随着调研的深入，蔡昉开始认真思索中国的"三农"问题与农村发展的路径，并从此一发不可收拾，他先后在国内外学术刊物上发表了数百篇论文和专著，在农业经济研究的规范化及与一般经济理论的合流，以及土地制度、农村市场、农业发展政策、区域经济等方面成就显赫，这些确立了他在农业经济学和"三农"问题研究上的学术地位。他的论文和专著在国内外学术界产生了广泛影响，部分著作被国内外许多大学的经济学系当作教材。"一带一路"上的很多国家还都不太富裕，还需要"共商、共建、共享"，蔡昉的身影就活跃在"一带一路"诸多智库当中。

1. 割不断的"三农"情结

1956年9月，蔡昉出生在北京市的一个普通家庭。在动荡不安的"文化大革命"中，他完成了自己小学、初中和高中的学习，1976年，被分配到京郊顺义县插队，接受贫下中农再教育。近3年时间里，蔡昉跟社员一起下大田、上麦场，在繁重的劳动和贫困的生活中与农民结下了深厚的情谊。个人永远是渺小的，但如果足够幸运，在一个特别时期获得特别的机遇，那这个人就会实现小人物的伟大梦想,就会和其他人不一样。蔡昉,就迎来了属于自己的幸运。

1978年初秋,蔡昉在顺义俸伯公社边劳动边焦急地等待着一张特殊的"纸"。在此之前,他刚参加了中断10年的全国高考,并在请教初中老师、著名的社会学家苏国勋后报考了中国人民大学农业经济系。终于,那张薄薄的"纸"——"录取通知书"载着他的希望姗姗而来。到公社去取这份"至宝"的时候,文教干部却不痛快地说:"既然学农业经济学,为何非要离开这里呢?"

对于别人的嘲讽,蔡昉并未放在心上,他更关注的是农民。插队经历让他发现,农民其实非常有智慧,他们能用一两句调侃或者比较粗俗的语言、几个玩笑就揭示出体制的弊端。"这些年在农村,农民教给我的东西,比我从书本甚至老师那里学到的要多得多。"对人民公社"大锅饭"的实际体验和直接观察,让他认识到种种弊端,这成为蔡昉的第一笔"财富",让他在后来的求学过程中进一步增强了对理论的理解。

1978年,蔡昉作为"新三级"学人幸运地成为中国人民大学78级学生。3年的插队生活带给他的是丰富的生活思考和农业经济学的"初体验"。顺义县自然条件非常好,以平地、水浇地居多,时任国务院副总理的陈永贵曾经去那里调研,并发出"顺义县这样的条件要是搞不好生产，只能说明人懒"的感慨。而当时的顺义县，却不如穷山恶水的大寨创造的产量高，因此顺义人被冠上了"懒惰"的头衔。当时是顺义人一员的蔡昉，把这句话琢磨了很久，也记了很久。

直到系统地学习了农业经济学这门既有人民公社管理课程，又有对人民公社的反思和批判的学科，蔡昉的思路才逐步清晰起来：无论改革前还是改革后，人还是同样的人，不同的是工作体制，为什么就会有勤快或懒惰的差别？显然是体制抑制了人的积极性。由此，蔡昉较早地开始了对农业经济体制的研究。

1982年，蔡昉获得中国人民大学经济学学士学位。在他专心学习的这4年间，中国发生了翻天覆地的变化：20世纪80年代初期实行了家庭联产承包责任制，接着人民公社被废除；农村改革进入城市改革……中国经济改革早期最具里程碑意义的事件，接连发生。

个人的发展，永远离不开时局的变化；时局的变化，自然影响每一个人。眼看着毕业时间临近，不习惯做决定的蔡昉，一直没想明白自己毕业了要去做什么，直到最后一刻才突然开了窍：既然自己是搞农业研究的，又没研究明白，最省事的办法，无疑是继续读研接着研究。于是，蔡昉选择了继续深造3年，于1985年获中国社会科学院经济学硕士学位。毕业后的他，到中国社会科学院农村发展研究所边工作边读博。

工作伊始，他观察到，农村经济问题与整个经济发展战略密切相关，农业经济学只是一般经济理论的一个应用领域。因此，他开始尝试规范化研究农业经济，在土地制度、农村市场、农业发展政策、区域经济等方面有意识地进行试验，并推动其与一般经济理论合流。1988年，鉴于蔡昉的出色表现，他被破格评为副研究员，并于1992年11月任研究室主任，1993年被评为研究员。从另一个意义上来说，当年公社的那位文教干部没有说错，求学期间，蔡昉身不在农村心却在，研究领域主要是农村经济，务"农"名副其实。

著作，是学者研究成果最直观的反映。对于研究，蔡昉孜孜不倦。在中国社会科学院农村发展研究所工作期间，他结合当时学术界探讨农村第二步改革的突破口问题，就土地制度改革、乡镇企业产权制度改革和发展模式等问题发表了一系列文章，相继于1990年出版了《中国的二元经济与劳动力转移——理论分析与政策建议》、1992年出版了《十字路口的抉择——深化农业体制改革的思考》，在当时争论的主要热点问题上发出了自己的声音，形成了有代表性的观点。

农业经济学始终是蔡昉割舍不下的"心头肉"，哪怕是1993年被调到中国社会科学院人口研究所工作后，他还在继续进行农业保护、农村制度和劳动力流动等方面的研究。在研究农业保护问题时，蔡昉敏锐地意识到农业份额在下降，现有的手段并不能解决中国农业发展的机制问题和激励问题，因而提出"对农业（广义）征税和对农业进行保护，都是一种扭曲"，农业改革的方向是建立一个能够自生发展的资源配置机制的观点。这样具有前瞻性的研究，在当时引发了激烈的讨论，之后的政策演变和实践印证了它的针对性。

1998年出版的《穷人的经济学：农业依然是基础》和2007年出版的《中国流动人口问题》等专著及一系列论文的发表，是蔡昉努力的最好证明。而他于2008年发表的《刘易斯转折后的农业发展政策选择》，更是把中国经济发展阶段变化与农业发展新任务结合起来，是其一贯倡导的"突破就'三农'谈'三农'"的代表作。

此外，农业组织和制度的经济学分析、户籍制度改革、农村经济改革的新动向等，蔡昉也随时关注。广泛的涉猎、频繁的调查，让蔡昉的研究领域更广：从1983年去广东调查水产品销售难问题，到观察珠江三角洲乡镇企业、非农产业的发展，再到珠三角富裕之后政府经济行为协调农业和私营企业的发展，蔡昉关注着每个时期中国农村的问题并加以研究。

在一般人看来，做研究是枯燥的，蔡昉却做出了"乐趣"，他能够注意到极其特殊的部门现象、产业现象，并将其与整体经济发展和改革结合起来，以小见大，但又不脱离实际，坚持在规范的发展经济学和制度经济学实证分析框架下思考，同时，探索用中国经验改造传统的发展经济学理论分析框架。科学、创新，是他研究的突出特点。

做学问，一时的坚持容易，长久的坚持最"苦"，蔡昉却能"苦"中作乐，他自嘲为"兼职农民""流动人口"。人大78级农经系的同学，大部分跳了"龙门"，真正全职"务农"的寥寥无几，蔡昉算一个，"我这个人嘛，知道自己笨，做不了别的，只有坚持。等到优秀的人走了，我就从笨变为优秀的了"。虽是玩笑，但道出了他咬定青山不松口的坚韧劲儿。他始终没有真正离开过"三农"问题的研究，始终保持着优秀。每当与"三农"研究领域若即若离，农业经济学界同行几乎要忘记他的时候，蔡昉都会及时出来喊一声："人在呢！"他曾在缺席的情况下还被选举为某届中国农业经济学会副会长，后来，又成为第十一届和第十二届全国人大农业农村委员会委员。

从中国人民大学农业经济系学习起步，从长期关注中国特有的"三农"问题着眼，蔡昉打下了认识中国国情的坚固基础，形成了"从农村到城市、从微观到宏观"的方法论优势。"三农"问题，成为他最为珍视的研究。

2. 30年经济发展的"旁观者"

20世纪80年代末90年代初,中国实行对外开放,市场经济风起云涌,"下海大潮"逐渐兴起。放下铁饭碗,下海经商成为最时髦的举动。"我们这一代人,有人当了官,当得很高;有人下了海,赚得很富。大家会去比较,然后失落,我觉得这样毫无意义。人生有很多岔路口,不管是主动选择还是被动选择,每条路上都有好风景。我不断看到身边的人跟我走不同的道路,各有各的工作乐趣,是否喜欢工作,只有自己知道。"1989年,博士毕业的蔡昉,对社会很多人趋之若鹜的财富和同学风生水起的仕途无动于衷,依然坚守在中国社会科学院农村发展研究所。

从大学到读研究生、博士生,蔡昉一直用扎实的研究阐述自己的独立思考和见解。1989年,他完成了题为《中国的二元经济与劳动力转移》的博士毕业论文,论文中介绍的新概念和对中国特色"二元经济结构"的分析备受推崇,蔡昉也因此被很多人认识。这是他第一项严肃的研究,也是他出的第一本书。这时候的蔡昉,在研究农村发展的同时,还参与了中央部署的"走出通货膨胀困境"课题研究,与林毅夫、李周合作,研究中国经济发展战略和改革问题。新的课题让蔡昉形成了把改革与发展相结合的研究特色。

研究中，三人从发展战略选择与资源禀赋之间的矛盾出发，分析了传统经济模式内形成的逻辑、因同一逻辑形成的改革方式和遇到的难点，并提出一系列改革的政策建议。

说起这个影响深远的中国经济学界最佳三人组合，蔡昉与林毅夫的相识还是颇具机缘的。1987年，蔡昉到南开大学参加一个为期一个月的发展经济学研讨班，刚刚在美国取得博士学位、做完博士后研究回国的林毅夫也到了南开大学。之后，社科院农村发展研究所所长力劝这位诺贝尔经济学奖获得者西奥多·舒尔茨的大弟子林毅夫到研究所组织一个新的研究室并任室主任。就这样，蔡昉遇上了最好的合作伙伴之一。

渐渐熟悉的两个人，开始讨论未来可能的合作，同时讨论研究方向。有一次，两人一起回北京，在火车上即兴讨论起了中国农产品流通中的一个现象，从而引出了一个框架，到北京后，两人一拍即合：把它写出来。于是，一篇文章就在国内业界最权威的杂志《经济研究》上发表了，同时，两人以内参的形式向有关领导送去了一篇短文。这是蔡昉与林毅夫的第一次合作。而蔡昉和李周的相识则更早，俩人颇有"神交"的意味：蔡昉硕士研究生毕业后，在同学的推荐下认识了李周，李周后来加盟已任主任的蔡昉的研究室，三个人正式开始了合作。

他们三人都关注中国的经济问题及"三农"问题,在《经济研究》和《战略与管理》上联合发表诸多文章,并合著了《中国的奇迹:发展战略与经济改革》一书。这本著作在国内外引起了广泛关注,被翻译成8种文字在国外出版发行。此外,他们合著的《充分信息与国有企业改革》等著作,把逻辑一致的分析方法及结论贯彻始终,进而扩展到国家和地区,指出发展战略的选择是否符合资源禀赋的要求,是决定经济体制模式及经济发展绩效的根本原因,从而论证了中国渐进式改革的一般意义。

2003年蔡昉与林毅夫合作出版了《中国经济——改革与发展》,阐述了他们对中国经济发展和改革的一系列问题的观点,引起学术界极大的关注。此外,针对国际上对中国渐进式改革能否推进市场化的怀疑,蔡昉就产品市场和要素市场的一体化程度进行了检验,证明了中国市场化程度的提高,同时也揭示了阻碍市场化进程的制度性障碍。

三人还有一个不得不提的贡献——把农业经济学变成整体经济学的一部分。过去,人们普遍认为农业经济学、工业经济学、财贸经济学等都是不同的经济学,所以只是站在各自的角度去研究,但林毅夫、蔡昉、李周三人倡导经济学就是一门学科,方法、思维方式、基本假说也就一个,只不过是要运用到不同的领域。

只有这样,才能把一个具体的学科,如研究农业问题上升到理论经济学的层次。这也成为蔡昉后来做研究的一个优势,不管是最初的农业经济学,还是后来的劳动力问题研究、人口问题研究,他始终把研究对象放在比较规范的、视角比较高的层次上进行研究,始终坚持自己是经济学家并被社会认可。这也是三人尽管研究领域不同,却能相互合作的原因。

2008年,在纪念改革开放30周年之际,蔡昉主编了《中国经济转型30年》一书,并于2009年出版。

蔡昉在2012年第十一届中国企业领袖年会上发言

在本书的编写过程中,他组织不同领域中从事经济理论和政策研究的最优秀代表参与写作,并以中英文形式在国内外出版。在世人瞩目中国改革开放和发展成绩的同时,蔡昉认为,总结30年的经验和教训,不仅对中国自身的进一步改革和发展很重要,而且对其他发展中国家和转轨中国家也具有借鉴的价值。

这些研究,其实也为"一带一路"沿线国家提供了有益的借鉴。对于"一带一路",作为蓝迪智库项目领导小组副组长、专家委员会副主席的蔡昉说:在"一带一路"沿线国家中,中国周边国家占据重要位置,近年来,中国与周边国家的合作已经取得了一定成绩。"一带一路"倡议的提出,既符合中国的发展需求,也顺应沿线国家尤其是周边国家的发展需求。而企业是建设"一带一路"的市场主体和载体,中外企业家要发扬丝路精神,主动把自身发展融入时代潮流中,以经贸合作带动人文和科技交流,为我国开放型经济发展注入新动力,为沿线国家和人民造福。

这里,不得不提一下智库在经济政策制定中的作用。30年前的日本,同样经历过二元经济的发展,享受过人口红利,到了20世纪80年代以后人口红利消失,供给侧出现问题,劳动力不足,回报率下降,生产率增长速度也放慢。当时,日本政府、学术界及智库,几乎异口同声地认为日本经济政策的问题出在需求侧,结果就采取刺激手段，产生了大规模的资产泡沫，到20世纪80年代末泡沫被刺破，日本付出了沉重代价。"可见一个国家智库的观点，对经济发展有多么重要。"在中国经济进入了新常态的今天，蔡昉积极呼吁，要看到新常态的主要特点是经济增长速度下行，主要是由供给侧因素造成的，中央部署的对策就是实行供给侧结构性改革。

"中国社会科学院是中国哲学社会科学的最高研究机构，作为世界知名、中国最大的国家级智库，服务'一带一路'建设既是我们的责任，更是我们的义务。我们愿意进一步加强与'一带一路'各国及世界其他国家人文社会科学研究机构之间的交流与合作，特别是与沿线国家或地区的有关机构加强合作。"以历史为镜，蔡昉明确了智库的职责，决心要将过去的教训引以为鉴。

中国社会科学院迄今已建立了18家专业智库，这让作为分管领导的蔡昉异常忙碌，蔡昉要做的，是将智库与自己的研究领域结合起来，为国家、为"一带一路"倡议提出更多有益建议。

3. 人与经济的"博弈"

在计划经济条件下，劳动力就业是计划的一部分，因而当时并没有劳动经济学。到了改革时期，一些部门研究机构和大学劳动经济学者，对就业问题进行了研究，但始终没能建立起劳动经济学独立的经济学分支。蔡昉注意到了这片空白，20世纪80年代从研究农村劳动力转移开始，他兼顾劳动经济学领域，并广纳人才，组建了国内最有战斗力的劳动经济学研究团队，创办和主编了国内第一本劳动经济学学术期刊《劳动经济研究》。

1993年，蔡昉调到中国社会科学院人口研究所工作，转而研究人口问题，其中，他最关心的是农民工、失业人群等和民生相关的领域。从这个意义上说，蔡昉的研究领域，变成了以穷人为研究对象的经济学。此后，他便把很大一部分精力投入到农村劳动力转移问题上，陆续出版了《劳动力流动的政治经济学》《中国流动人口问题》等。这些著作代表了蔡昉及其团队在这个领域所付出的努力。一分耕耘一分收获，1998年，蔡昉任中国社会科学院人口研究所所长，2014年起任中国社会科学院副院长。

蔡昉认为，任何研究、任何观点都带有连续性，只有努力向别人看齐，联系历史、尊重传统，吸收别人的"养料"，在生成自己观点的同时，努力隔断其他声音，以形成自己独有的、新的学术成绩。正是凭着这样的思路，蔡昉完成了一个又一个研究。过去，大家普遍认为中国的劳动力资源丰富，尤其是农村地区，有大量剩余劳动力,但2004年,出现了"民工荒"。此时,他没有按照过去的思维,认为这个问题是暂时性的、区域性的,而是反思,为什么过去认为劳动力剩余?蔡昉联系过去和历史,"过去生育率高,人口多,进入市场后劳动力当然丰富",与时俱进地思考,发现了两点不同于以往的地方:我国经济的发展在改革开放以后加快了,创造了大量的就业岗位,吸纳了大量剩余劳动力;同时,人口生育率由高到低,现在的人口不足以满足原有的岗位。这个时候,蔡昉得出了中国的结构特点发生变化的结论。一步一步地深入认识,让他看到了这个新的、带有转折性的变化,因此,他提出"中国是不是到了劳动力短缺的时期""会不会是一个长期的现象"等问题。尽管这个观点被很多人不理解,蔡昉却很执拗:他依然一遍一遍地讲,别人反驳哪里,他就去丰富这部分的证据。百花齐放,是学术界最美的姿态。

在关于农村劳动力进城的问题上有一个长期的争论,即其与城市劳动力市场的关系问题。按照逻辑,蔡昉又进入了就业问题的研究领域,即劳动经济学。从2000年开始至今,蔡昉每年都会选择一个人口、就业以及相关领域的热点话题进行深入的理论和政策研究,其主编的《中国人口与劳动问题报告》,取得了该领域的一系列成果。此外,蔡昉还与同事共同进行了大量关于劳动力市场转型和发展的研究,主要体现在《中国劳动力市场转型与发育》一书和诸多文章中。

蔡昉对研究工作长久不息的"乐趣"和取得的成就让人惊叹。在统计数据不完善的情况下,他对就业增长机制和结构、失业率及其原因的分解、劳动参与率变化和决定因素进行了规范的检验,形成了大量文章,在该领域走在了国内外经济学家的前面。从政策角度,他倡导宏观经济政策、产业政策和其他国家发展规划的制定以就业优先为原则,以此落实科学发展观。

人口研究长期被经济学家忽略,而人口学家则不擅长从经济发展和制度角度观察问题。蔡昉在这方面也进行了一系列研究,写作出版了《人口,将给中国带来什么》等专著。不过,他在经济学家中始终被看作是乐观派,即使观察到人口红利即将消失,蔡昉也区分了第一次人口红利与第二次人口红利,并发表《未来的人口红利——中国经济增长源泉的开拓》,从劳动力市场制度和养老保障制度安排、教育制度改革与教育发展等方面提出挖掘第二次人口红利的可能性和政策建议,成为引起学术界讨论的新热点。

《人口转变、人口红利与刘易斯转折点》一文,则是蔡昉从理论分析和实证检验两方面所进行的一种研究尝试。以研究日本的刘易斯转折点著称的日本发展经济学家南亮进称，蔡昉把人口因素引入刘易斯转折点的讨论，是对该领域研究的一种贡献。该文获得2010年第十四届孙冶方经济科学奖论文奖。

关于人口红利的研究及其趋势判断，是蔡昉为中国主流经济学研究提供的一个热门话题，引起的相关争论十分激烈，焦点集中在人口红利是否即将消失。虽然蔡昉不厌其烦地从各个角度证明这两个转折点的到来，仍然有相当多的学者和政策研究者不予赞同。对此，蔡昉开辟了第二战场，转向揭示和论证两个转折点的政策含义，即它们的到来如何影响中国经济增长的可持续性，应对不当的话可能导致的政策失误及其后果，以及不可回避的政策调整和制度改革。每篇直接讨论刘易斯转折点和人口红利的文章，他都要提出相关的政策建议。但是在另外一些研究中，蔡昉以上述转折点已经到来作为出发点，专门讨论了相关的政策和改革问题。蔡昉的相关文章发表后，再次引起广泛的学术讨论。虽然不少学者对蔡昉带有反潮流倾向的观点持批评态度，但总体上效果是积极的：一方面，学术界因此对有关话题进行了更加深入地研究；另一方面，有关政府部门认为这些观点颇有参考价值，在一定程度上影响了政策制定。这也正是蔡昉身为学者最希望看到的结果。综合各个角度对此问题的论证和对批评意见的回应，2008年，蔡昉出版了《刘易斯转折点：中国经济发展新阶段》一书。这本书是蔡昉在中国经济发展的背景下，对发展经济学理论和国际经济发展经验在中国应用的一个总体探索。随后，他又分别在国内外出版了《超越人口红利》一书，中文版获得第三届中国出版政府奖。

在长期研究中国经济发展各方面的历史和现实问题基础上，蔡昉逐渐形成了自己的经济分析框架。他尝试贯通各种经济发展理论，形成统一的分析框架，从物质资本和人力资本积累激励的角度解说经济增长成败。从较宏大的经济史视野，把经济增长划分为马尔萨斯贫困陷阱、刘易斯二元经济发展、刘易斯转折点和新古典增长等几种类型或阶段。同时，把中国经济发展问题嵌入相应的增长类型和阶段，对每个阶段相关的重大中国命题，如"李约瑟之谜""刘易斯转折点"和"中等收入陷阱"等，进行实证分析并提出政策建议。他的研究，广泛而深入。

从农村开始，蔡昉继而把"三农"问题与整个经济发展战略及体制结合起来，然后又跟着农村劳动力一道"转移"至城市的劳动力市场。他在人口经济学、劳动经济学和农业经济学等方面的研究，都与经济发展过程密切结合，并借此扩展了经济发展研究的视野。在他从事经济学研究的30多年里，中国经济以史无前例的速度在发展，在世界经济中也是一枝独秀，由此带来的是经济学科异常迅速的发展。蔡昉在学习经济学理论和方法的同时,实际观察中国的经济现象,通过撰写经济学论著、社会兼职和写作政策建议报告,以及参与国家发展规划、"非典"的经济对策、四川汶川震后重建、应对金融危机等重大问题的讨论,为中国的经济发展和改革,以及中国特色经济发展理论的构建做出了贡献。

蔡昉在经济学领域取得了卓越的研究成果,先后获得中华人口奖、张培刚发展经济学研究优秀成果奖、中国农村发展研究奖、中国软科学奖等多项奖励,并被授予20世纪90年代以来国家级"有突出贡

参加全国人大会议审议的蔡昉

献的中青年专家"荣誉称号。他还先后三次进入中南海在中共中央政治局集体学习中分别就中国就业问题和"十二五"规划等问题为政治局领导做讲解,并兼任国家"十三五"规划专家委员会委员,担任世界银行、亚洲开发银行、联合国开发计划署等国际组织项目顾问、蓝迪智库项目领导小组副组长、专家委员会副主席等重要社会职务。

这些荣誉和职位在蔡昉看来,都是源于自己的"笨"。他认为没有人是完全超然于尘世之外的,每一个人都会受到不同的诱惑,我们能做的是分析自己的长处和短处,然后找到一个相对适合自己的方向。"我能够坐下来从事研究,而且一坐就是30多年,最重要的就是对自己判断不高。我知道自己如果去下海一定会赔本,如果去当公务员不一定能当得好,做研究会让自己踏实。'文章千古事,社稷一戎衣。'做一些和中国经济发展相关的研究,不管做得好不好,中国的发展需要这样的人。"

这份儒雅风度和人格魅力,正是做人和做学问的态度。在中国经济大变革的时代,面对浮躁、喧哗、充满诱惑的外部世界,蔡昉以内心的平和对抗外部世界的纷扰,潜心学习和研究。他,是一个真正的学者。

(周　艳)

铁骨铮铮外交家——沙祖康

引 子

1993年7月7日,中国货轮"银河号"驶离天津新港,按既定航线先后停靠上海、香港、新加坡、雅加达等地,然后载着782个集装箱驶往卸港迪拜和科威特。在航行途中,7月23日,美国大使馆却紧急照会中国外交部,悍然要求"银河号"停航,或由美国人登船检查货物,或者停留在某个地点,听候美国发落。中国外交部对美国大使馆的无理要求一口拒绝。但是,8月3日8时许,正当"银河号"船长张如德聚精会神地驾驶时,一架美国军用黑鹰直升机飞至"银河号"

上空拍摄，12时30分左右，一艘美军巡洋舰出现在"银河号"右前方，迫使"银河号"停止航行并接受美国方面的检查。这就是震惊中外的"银河号"事件。

8月27日上午10时，中国外交部工作小组一行16人登上"银河号"，看望并慰问全体船员，并宣布："从明天开始，便是决战阶段。现在只有两种选择：要么我们中国人趴下，要么美国人爬着出去！"在次日检查完毕后，中方领导从容地从皮包里拿出早已准备好的报告：经三方检查，表明"银河号"上没有亚硫酰氯和硫二甘醇这两项化学品。美方工作组领导马克尤姆看完报告，铁青着脸说道："您这个报告，我们需要修改一下。"修改的结果是：经彻底核查，断然地表明根本没有。马克尤姆身为外交官，对中央情报局的错误情报愤恨不已，这个修改可以看出他当时的激烈情绪。事后不久，美国中央情报局的二把手就因为"银河号"事件的错误情报被撤职回家了。美国政府搬石砸脚，在"银河号"事件中灰头土脸地以失败告终，令全世界人民再一次认清了美国的霸权主义行径本质。

当时在第一线现场领导与美国人斗争，让美国人丢脸的外交斗士，就是本文主人公沙祖康大使。在当时尖锐复杂的情况下，沙大使临危受命、不辱使命、敢斗智斗，维护了中国的尊严，引起了国内外的瞩目。这个自称"农民外交官"的人，吃苦耐劳，坦率真诚，硬朗豪放。老领导称他为"沙大将军",他铿锵有力的外交辞令里透着捍卫祖国利益的坚决,不怕刺刀见红的勇猛中写着爱国情怀,挥斥方遒的国际辩论里凝聚的是几十载刻苦的外交耕耘;同事称他为"智者",肯定他强悍中蕴含的理性思考,感叹他"比张飞更猛,比赵子龙更细"的作风。铁骨铮铮,国士无双!

沙祖康自1970年起就职于中国外交部,曾在中国派驻伦敦、科隆坡、新德里、纽约和日内瓦的外交代表机构任职。1997年,他曾组建中国外交部军控司并担任首任司长,后又作为中国政府代表参与一系列军控和裁军领域重大国际条约的谈判和审议。在中国驻日内瓦代表团工作的近10年时间里,他引导中国了解联合国等国际组织规则,并参与其运作,取得一次次创新和突破。2007年至2012年,他出任联合国负责经济和社会事务的副秘书长,在可持续发展领域做出重大贡献。卸任后的沙祖康,就任中国巴基斯坦友好协会会长、蓝迪国际智库专家委员会成员、绿

中国著名外交官沙祖康

色协会荣誉会长等职务，继续为"一带一路"事业贡献自己的力量。

在长达40余年的外交生涯中，沙祖康跨越双边和多边外交，涉足军事、安全、经济、社会、人权、人道等诸多领域重重的挑战，是改革开放以来中国外交的参与者、见证者和伟大贡献者，他用自己几十年如一日的勤奋专注和无私而赤诚的爱国之心，一次又一次突破，在中国走向世界的进程中，在全球通往和平与发展的道路上，留下了不可磨灭的光辉印记。

1. "农民外交官"的成长史

童年经历

沙祖康喜欢自称"农民外交官"，这与其成长经历有关。1947年9月，沙祖康出生于上海，之后随父亲移居江苏宜兴农村。那时的他聪明、顽皮而又好学。在尊师重道、读书传家风气极盛的宜兴，沙祖康从小受到良好的文化熏陶。他博览群书，尤其酷爱武侠小说，武侠小说中"路见不平，拔刀相助"的侠义精神影响了他的一生。后来作为外交官的沙祖康被领导称为"沙大将军"，正是因为他身上有种舍我其谁、仗义执言、刚直不阿的侠气。由于父亲是残疾人，家里又有7个孩子，沙祖康作为家里的老大，很早就肩负了与年龄不相称的重担,吃了如今年轻人不可想象的苦。小时候,天刚蒙蒙亮,沙祖康就起床到恶臭熏天的乡间茅坑捞蛆虫喂鸭,然后边烧早饭边喂猪。晚上放学回家,在月光下还要干许多农活。因为家里穷,一年只给每个孩子做一双鞋,为了省鞋,读初中的沙祖康每天上学要光脚走几公里的路。夏天光脚走路尚可忍耐,冬天却要顶着刺骨湿冷走到学校,双脚冻得通红。天长日久,脚上的茧子越来越厚,一扒就鲜血淋漓。饥饿也时时困扰着童年的沙祖康,困难时期他甚至9个月未吃一顿饱饭,高考结束时,饥饿的沙祖康竟昏倒在考场。正是童年和少年时期艰难困苦的经历,养成了他不怕苦不怕累的"拼命三郎"的工作作风。

家里不富裕,读书是件奢侈的事。因为心疼家里少得可怜的煤油,母亲不许他晚上读书。他总在晚上趁父母睡着后偷偷爬起来,点起油灯继续读书。当沙祖康被南京大学英语系录取时,因为学费和生活费高昂,母亲竟撕碎了录取通知书。无奈之下,沙祖康找到乡里的党委书记,书记支持沙祖康求学,帮他从公社信用社借了钱,又从公社里凑了钱,这才让他得以进入南京大学。

大学时光

在南京大学,沙祖康的宜兴老乡、当时南京大学外语系党支部书记给予他学业上巨大的支持和鼓励。后来，也正是在他的撮合下，沙祖康与同班同学刘谨凤结为夫妻，夫妻俩共赴外交事业，妻子一路上志同道合的理想信念，以及对他最深情的陪伴与支持，成为沙祖康事业前进不竭的动力。

大学选择英文专业，与沙祖康中学时代受到的教育密切相关。他的高中英文老师史凤云毕业于燕京大学，曾为飞虎队做翻译，英文发音字正腔圆，学生们受到了极佳的英文熏陶。在她的培养下，一个农村中学竟走出了包括沙祖康在内的两位部级大使。南京大学英文系享誉全国，拥有很多教授，这对沙祖康英文水平的全面提高起着关键性作用。

沙祖康入学仅8个月，"文革"就开始了，学校停课。"文革"时期，"读书无用论"盛行，知识分子希望渺茫。沙祖康却认定"文革"的状况不会持续太久，因此，把几乎所有时间都用在学习上。在当时"谁看英文就是不关心政治"的风气下，沙祖康就念英文版的《毛选》，没有英语书，他就找来《北京周报》英文版；没有英语磁带，就听北京广播电台的英语节目。请假回到家中后，除了做家务的时间，他都用来学英语，家里的桌子、凳子、灶头、蚊帐上，到处贴满了英语单词。在前途未卜的混乱年代里，他用远见和坚持为未来打下扎实基础。

起航外交与开眼看世界

1970年,沙祖康进入外交部工作。从他一入部,就有人断定,他这样直言不讳、铁骨铮铮的性情中人,在外交部一定待不长。在众人都不看好的情况下,他凭借在工作中一次次展现出的骄人成绩和令人印象深刻的创新,更以其张扬而敢讲实话、狠话的强硬外交风格给国内外同事、媒体、民众留下深刻印象,书写了一段令人惊心动魄、可载入史册的"沙式外交"。他在外交生涯中不断成长、成熟,用自己的行动回应了当初同事们的质疑,成为在中国最懂联合国的实干家,也成为那一代人中最为优秀的外交家。

1971年,中国选派"文革"期间第一批出国学习人员,竞争异常激烈。沙祖康一番豪言壮语逗乐了在场评委:"报告组织,我还想继续学英文!如果允许继续学习,我保证每次都考第一名!"他自学期间的丰富积累,加上这令人印象深刻的介绍,让他在众多竞争者中脱颖而出,获得了到英国学习3年的机会。

沙祖康和当时的许多中国人一样,在出国前对英国的印象就是一个老牌帝国主义国家,残忍而凶恶,但在英国的求学经历,让沙祖康看到了中国与西方发达国家的巨大差距。沙祖康对在英国的一次课外学习记忆犹新:一户英国夫妇可以独立管理几百公顷的土地,并负责成批养猪,这两个人的生产力相当于当时中国由几百人组成的一个生产大队——英国正是靠这样惊人的生产效率,以2%的农业人口养活了整个国家。而当时的中国,80%的人口都是农民。强烈的对比,让沙祖康深刻认识到发展的硬道理。

从深耕双边外交到叱咤多边舞台

1974年,沙祖康转任中国驻斯里兰卡大使馆科员,担任大使翻译兼秘书,成为那批学员中第一个担任此职的人。他在这个岗位上整整工作了6年,直到1980年调任中国驻印度大使馆随员、三秘。从1971年初去国外使馆任职到1985年结束在印度大使馆的工作,沙祖康在中国驻外使馆从事最基础的工作整整15年时间。大使馆人手不多,但事务繁杂,包括侨务、经援、军援、商贸、文化、新闻、签证、调研、上下协调等,都要处理。沙祖康在驻外使馆最基层的锻炼,让他积累了丰富的第一手外交经验,为他后来叱咤世界外交舞台奠定了坚实的基础。在斯里兰卡和印度常驻的经历,也让他对南亚地区有了深刻的了解。亲历发达国家与发展中国家驻外经验的汇总,让他对世界有了更加全面而清晰的认识,为他日后深度参与"一带一路"工作特别是"中巴经济走廊"建设奠定了良好的基础。沙祖康双边外交工作的经历,使他更加注重调研,养成"细、实、深"的工作作风。经过多年的钻研历练，沙祖康为日后从事更加复杂而变幻莫测的多边外交工作做好了准备。

1997年中国外交部组建了军控司，沙祖康担任首任司长。此后，沙祖康进入更加复杂的多边外交领域，成为改革开放后中国多边外交的重要见证者和贡献者。他是外交军控领域的优秀组织者、领导者和协调者。在中国履行军控、人权国际条约过程中，他多次承担中国政府各部门、军队和民间社会之间的协调工作，提出履约报告，配合履约视察，配合联合国工作组和报告员的调查访问，倡导成立中国非政府组织，推动国际组织在中国设立代表处。他通过深入的调研与实践，历练成为一名懂军事的外交专家，在诸多裁军问题上从国家利益出发，从国家经济发展和军事建设出发，在政策层面为中国人民和中国军队做出巨大的创新性贡献。沙祖康在多彩的外交生涯中展现出强大的危机处理能力，也见证着祖国的发展以及融入世界的进步。作为中国政府代表，1993年8月，在沙特阿拉伯的配合下，他与美方谈判，妥善解决了"银河号"事件。1993年至1994年，他作为中国外交部高级官员，参与了第一次朝核危机的处理。他作为外交部部长唐家璇的主要顾问，参与处理了1998年南亚核危机，参与了多国外长关于南亚核问题官方文件的起草和磋商，并为此后联合国安理会通过1172号决议做出了贡献。

作为中国大使,他参与了中国政府和世界卫生组织对2003年"非典事件"的处理。

沙祖康总是说,外交官是"文装解放军"。对于负责多边谈判的外交官来说,他们的"战场"就是变幻莫测的国际多边谈判现场,他们的"武器"就是谈判场上思路清晰、权衡各方、捍卫祖国利益的谈判。沙祖康作为一位杰出的谈判者,积极推动中俄、中美以及中国和其他国家的双边军控合作。作为中方谈判代表,他参与了中俄和中美关于核武器互不瞄准对方的谈判和有关文件的起草工作,促成了中俄两国首脑于1994年9月发表《关于互不首先使用核武器和互不将核武器瞄准对方的声明》,中美两国首脑于1998年6月宣布战略核武器互不瞄准对方。他还代表中国政府参与了《不扩散核武器条约》《全面禁止核试验条约》《禁止化学武器公约》《禁止生物武器公约》《特定常规武器公约》等军控和裁军领域重大国际条约的谈判和审议,参与起草了联大和安理会通过的一些重要的关于军控和国际安全的决议。在关键时刻,他靠着自己几十年如一日的刻苦钻研精神和他领导的团队的攻坚精神,用智慧、谋略和爱国情怀最大限度地捍卫了祖国的利益,成为沟通中国政策与国际规则的桥梁。他以全球视野和战略眼光,积极倡导国际安全合作,维护国际和平和地区稳定及安全。

联合国作为"二战"以后维护国际安全和经济社会发展基础的治理框架,是保障世界和平与发展的基础。中国于1971年恢复在联合国的席位,从蹒跚学步的"婴儿",到如今已过不惑之年。在国际舞台上,沙祖康曾代表中国参与联合国及各国际组织进程,让中国加深对国际组织的理解及对各方面规则的掌握和利用。他曾于1994年至1999年担任联合国秘书长裁军咨询委员会委员;于2002年至2003年担任国际劳工组织理事会政府组主席;于2003年至2004年担任第50届贸发大会理事会主席、第11届贸发大会筹备委员会主席和第11届贸发大会全体委员会主席;于2004年至2007年担任联合国人权会和人权理事会"相同观点集团"协调员。此外,他还先后担任涉及军控、贸易、知识产权、社会、电信等各种议题的国际会议主席、副主席、主持人、协调员和专家等职务。此后,他又成为第一位来自中国又负责联合国核心实质性工作的联合国副秘书长,其职责涵盖了联合国除军事、安全领域外所有最核心的工作内容。

在这一岗位上,沙祖康全面推动了联合国人权专门委员会的改革,改善了中国等国家在人权领域受到诟病的状况,推动了联合国框架下各国在人权问题上的一视同仁的态度。他还利用其峰会秘书长一职,组织举办了联合国历史上最大的可持续发展峰会,让绿色发展和可持续发展的概念深入人心。"一般人一辈子做一件有利于国家的事就很了不起,而我自认为我所做的事儿超过一件。"沙祖康问心无愧地这样评价自己。

比张飞更猛,比赵子龙更细的"硬骨头"
斗士的国际胸怀

敢爱敢恨、仗义执言、心直口快的沙祖康,给人们留下印象最深的,莫过于他率直而震撼人心的言论。在接受英国广播公司采访时,当谈到美国政府对中国增加军事预算表示担心时,他一句愤怒的"美国最好闭嘴并保持安静",震惊中外。有人说他太有激情,完全是性情中人;有人说他太过张扬,说出话生怕别人听不到;也有人说他过于好斗,不顾外交礼节,常常不给对手留脸面。但是人们公认的是,他让中国人扬眉吐气。由此,"沙氏风格"和"铁嘴""鹰派"沙祖康的说法在西方外交界广为流传。

沙祖康这样解释自己的张扬风格:"你的每一句话,代表你的祖国,如果在这个时候,你吞吞吐吐,说不清楚的话,这是一种失职。这时候,就应该'张扬'一点!因为国家的利益,只有靠你去争取,去斗争,去维护。因此,多边外交的表现方式是斗争多一点,为维护自己国家的利益而斗争。"国家利益至上,是沙祖康始终坚持的原则。对于外交官的爱国情怀,沙祖康这样解释:"外交官要把祖国放在心里,写在脑门上,而不是放在胳肢窝里!外交官要将国家利益放在个人利益之上,对伤害祖国核心利益的问题,与其为了达成协议而谈,不如放弃。"

中国与西方的较量,体现在中国与西方外交官觉悟的较量上。作为外交官,沙祖康始终坚信一条:"从毛主席时代一直到今天,中国政府的外交政策,是非常之公平、公正和公道的。中国就像一个人道的、坚持原则的、可信赖而又通情达理的朋友。我坚信我们国家的外交政策是正确的。"对于坚守国家利益的重要性和外交官的责任,沙祖康表示,核心利益不存在置换,一定要严格管控风险。在这样的信念指引下,沙祖康为我们留下了一段段令人印象深刻的慷慨陈词。

军控谈判时,他跟对手说:"我要赢你,就赢定了,要不你把我的尸体抬出去!"面对美国搞反华提案的威胁,他说:"我不大相信外交辞令。我从小就主张匡扶正义,除暴安良。作为中国的外交官,作为大国的外交官,至少应该主持正义。"他坦率直接的风格深受一些军方高层领导的欣赏,说他是外交部的"硬骨头"、外交战场上的"沙大将军"。

沙祖康的高调外交风格,与一些人眼中的"中国人"的行事风格大相径庭。对此,沙祖康认为,有些人习惯"逢人只说三分话",然而在外交场合,这样的言语就可能被理解为吞吞吐吐、闪烁其词，涉及核心利益的内容讲不明白、讲不清楚。因此，沙祖康在外交场合坚持讲实话，讲真话，不吞吞吐吐。他的坦诚，也为他赢得了国际对手的尊重。

谈论沙祖康时，人们往往联想到捍卫国家利益的坚强斗士。而他工作中的严谨与细致，往往被那些过度曝光的豪言壮语和激烈言辞掩盖。他的激昂言论，实际上是基于他刻苦学习和研究功底之上，绝非信口开河。几十年来，勤奋刻苦的沙祖康没有休过假，为了吃透一个研究问题，他看的材料有一人多高。谈到外交官怎样提高自己的业务能力，沙祖康提到系统学习的重要性，主要内容包括：国际形势、各集团利益、国内政策考虑及利益分配的深度学习。对外交辞令的公开表态，他在吃透其精髓的基础上，用自己的语言表达出来，既庄严而负责，又灵活而生动。正是这样的刻苦钻研精神，成就了他在国际舞台上的妙语连珠；正是对局势的全面系统把握，让他拥有为中国发声的底气。

20世纪90年代的军控谈判便是最好的案例。当时中国的底气远不如现在，国际舆论也对我方不利，核武器问题又与国家核心利益攸关，谈判的难度可想而知。在整个谈判过程中，沙祖康很注重研究，同时关注其他单位和研究机构的意见，对内对外的协调都展示了他粗中有细的一面。这样一个既铁骨铮铮又心细如发的形象，才构成完整的沙祖康。一位分管军控工作的中央领导同志在一次大会上感叹地说："沙祖康同志比张飞更猛，比赵子龙更细！"

沙祖康不单单捍卫国家利益，更是具有国际胸怀。作为联合国副秘书长，他为世界的和平与发展做出了巨大贡献。他在联合国框架内的协调与创新，秉承相互尊重、平等相待、合作共赢的原则。他在关键时刻抓住机遇促成的改革，更体现出他对世界大势的精确把握。来自中国，造福世界，沙祖康这种将中国利益与世界发展有机结合的长远眼光及贡献，实际上比他的铿锵词句更加耀眼，中国外交的未来发展不断地对此做出了验证。

2.铁血丹心的"沙大将军"

沙祖康作为中国外交部军控司的组建者和首任司长，以及中国在联合国裁军问题领域的首席谈判代表，见证和参与了重大政策的改变和国际条约的签署，成功地以外交力量捍卫中国军事利益，为祖国和人民做出重大贡献。从其中几个浓墨重彩的片段中，我们看到沙祖康对祖国和世界的杰出贡献，和他作为外交官与改革开放后的祖国的共同成长。

"银河号"事件始末——17次"窝囊"

回顾起"银河号"事件,沙祖康17次用了"窝囊"这个词来表达当时的感受。1993年7月23日,美国以获得情报为由,指控中国"银河号"货轮向伊朗运输制造化学武器的原料,并威胁要对中国进行制裁。同时,美国向"银河号"所在的国际公海,派出了2艘军舰和5架直升机。8月4日,中国在经过调查后,明确告诉美国:"银河号"没有违禁化学品。美国则声称情报绝对准确,坚持要对"银河号"进行检查。8月28日,中国同意美国派专家,以沙特政府技术顾问的身份,对停泊在达曼港的"银河号"进行检查。当时,国内有人指责沙的做法让中国"遭到耻辱"。

沙祖康当年46岁,是当时外交部最年轻的副司长之一。当他接受任务前往处理"银河号"事件时,外交部国际司全体出动给他送行,这种场景前所未有。回忆这一幕,沙祖康记忆犹新:"我当时有一个感觉,就是'风萧萧兮易水寒,壮士一去兮不复还'。"当时局势很紧张,中华人民共和国成立以来从未有过。中、美作为安理会常任理事国,也都是有核武器的国家,如果处置不当,很可能出现武装冲突。同意上船检查当然是中央的决策,在当时的情况下别无选择,两害相权取其轻。沙祖康以此来描述当时的决定:"拒绝,窝囊,我们就要背黑锅;让他们去查,也窝囊。但是两个窝囊中选择了第二个。等这个事情的真相查明了,没有(违禁化学品)。那窝囊就是他们的。"

对美国指控的两种违禁化学品,沙祖康亲自调查,给船上货物的所有厂家打电话,得到了没有违禁化学品的确实保证。为了保证最终调查报告顺利签署,他事先预想了各种情况的处理方式。

当沙祖康看到美国兵无视国际法和中国的尊严,硬要登上"银河号"的甲板时,他感到无比羞辱和愤怒。他集合起全体中国船员,以最庄严的神态面向祖国的方向高喊:"敬礼!"然后将船上的国旗降到半旗,他要时时提醒所有员工拥有国家主权的"银河号"被强盗践踏的耻辱和疼痛。这面国旗直到"银河号"回到祖国的怀抱,才又重新升起。"我当时很痛苦。"沙祖康说,"你登上我的船,每走一步都踩在我的心上。"

美国人迫不及待,沙祖康则表现出睿智和果断。当时沙特的天气,白天60摄氏度,湿度100%。美国人开箱时不但戴防毒面具,而且匍匐前进,开箱后找不到所谓化学药品,就无理取闹,出了很多洋相。美国要求检查的依据是美国情报局的情报,检查的结果却表明情报完全错误,这让美国人颜面尽失。负责检查的美国国务院官员对此非常恼火,他要通过这份报告书来表明:他们的检查是认真负责的,错误在于情报部门。据报道,美国中央情报局的二把手也因此被撤职了。

"银河号"事件,让沙祖康深切体会到来自美国强权,国家影响力是建立在实力基础上的,其中,硬实力主要体现在经济发展水平和军事能力上,军控裁军与建军强军是国防现代化建设的两个轮子,必须同等重视。"银河号"事件更坚定了沙祖康"弱国无外交""军事强国是经济强国的基础"的军事观和国家安全观。这次"窝囊"的外交经历,更进一步坚定了沙祖康以外交为武器,做国家利益捍卫者。

以"苟利国家生死以"的精神搞核谈

《不扩散核武器条约》又称《防止核扩散条约》或《核不扩散条约》,是1968年7月1日由英国、美国、苏联等59个国家分别在伦敦、华盛顿和莫斯科缔结签署的一项国际条约,共11款,1970年生效。该条约的宗旨是防止核扩散,推动核裁军和促进和平利用核能的国际合作,是预防核战争的最重要条约。正因为有这一条约,此后任何无核国家进行核试验,都会受到国际社会施加的压力。根据规定,该条约有效期为25年,期满后将召开条约延期大会,决定延长25年、延长几个25年还是无限期延长。在条约有效期内,每5年举行一次会议,审议条约的执行情况。1995年5月,在长期非正式磋商和历时2年的筹备工作后,召开《不扩散核武器条约》延期大会,目标是确定条约延长的时间。沙祖康作为中国的首席谈判代表,经历了历时2年的艰苦筹备谈判。

《不扩散核武器条约》的审议和延长大会开幕在即,事态发展却出现了意想不到的"急转弯"。大会召开前一天,中央领导人率团赴纽约,突然提出,中国支持延长该条约25年,这是中央的决定,不可改变。中央当时的考虑,有其特殊的历史背景。然而这对于在前线谈判的沙祖康来说简直是晴天霹雳,2年的筹备、协调,都是向着无限期延长条约而展开的。中国此刻的突然转向,必将给自己造成极大的外交被动,甚至可能让整个条约的延期陷入复杂局面。

怎样解决这一棘手的难题?沙祖康经过了激烈的内心挣扎,最终从国家利益出发,决定坚持条约无限期延长,用自己的汇报扭转中央的决定及其可能带来的不良影响。然而,当时中央领导集体已做出决定,临场改变几乎是不可能的。沙祖康深知此事的难度,第二天向中央领导的15分钟汇报,他准备了整整一天,每一句话、每一个观点都经过了反复的练习。

汇报一开始,沙祖康便语出惊人:"中央关于支持延长《不扩散核武器条约》25年的决定是错误的,是损人不利己的!"

此言一出,矛头"直指中央",领导惊讶之际,把桌子向前一推,椅子后退了一尺多:"沙祖康同志,此言怎讲？"如此表现，让所有在场的人都惊呆了。

中央领导诘问沙祖康："25年后，你我都多大年纪了？难道用25年全面禁销核武器还不够吗？为什么一定要坚持条约无限期延长？"

沙祖康接下来的话语惊四座："国破山河在，条约延长多久与你我年纪大小无关系，中华民族将世世代代存在下去……"这种几乎是直接顶撞的豪言壮语，让现场的同志都为他捏了一把汗。

沙祖康顿了一顿，接着说："而且此时此刻，条约已经无限期延长了……"此语让现场的同志又是一惊。沙祖康介绍，已有超过半数的缔约国共同提议条约无限期延长，已超过决定所需的半数。然后，他又全面、深刻地剖析了条约延长多久对中国及其他各方的影响。中央领导尽管震惊万分，却也被沙祖康有理有据、条分缕析的汇报说服了，问："那你说怎么办？"沙祖康随即将早已准备好的修改版发言稿交给领导。

汇报结束后，沙祖康一夜忐忑，不知道自己的冒失之举结果怎样。天刚蒙蒙亮，领导的秘书就拿着讲话稿来找沙祖康。想不到，秘书竟对他说："领导已看过稿子了，说请沙大使再核一下。"打开讲话稿，他发现领导只改了几个字，其余部分完全赞成了他的修改意见。此时的沙祖康，也为中央领导在关键时刻的担当精神和宽广胸怀深深感动。

中央决定终于在沙祖康的坚持下扭转，中国在核不扩散问题上与国际社会保持了一致。1995年5月11日，在《不扩散核武器条约》缔约国的审议和延长大会上，179个缔约国以协商一致方式决定无限期延长该条约。沙祖康作为审议与延长大会的中国代表团副团长，坦率诚恳地向中央进谏，为该条约的无限期延长做出了不可磨灭的历史贡献。

核武器是维护国家安全的"定海神针"。严格按照国内部署适时谈判达成一项中方能接受的《全面禁止核试验条约》，事关中国重大安全利益。负责禁核试谈判的沙祖康深谙自己肩头责任之重，不仅在关键时刻敢于忠诚谏言，更为谈判不惜牺牲健康。

赴任前，沙祖康向军委首长立下"军令状"，"如完不成任务，将提头来见"。谈判后期，美、俄、英、法四个国家都已先后停止了核试验，只有中国一家仍在试，国际压力可想而知。1996年，我国完成最后一次核试验并于同年谈判达成条约前后，沙祖康的身体向他亮起了"红灯"，血压、血糖、血脂同时迅速上窜，北京医院强烈建议他服药、休息，并警告他："你50岁的年龄，已是60岁的健康。"然而谈判现场是不流血的战场，事实上，从参加谈判的第一天起，他就做好了患得一身病，瘦下几十斤，也要把《全面禁止核试验条约》拿下的心理准备。他还对夫人说："人生难得几回搏,只要不死在会场就是胜利。"

沙祖康总是强调,要把国家利益"抓在手上,放在心里"。他真正践行了"苟利国家生死以,岂因祸福避趋之",其一言一行都体现出爱国情怀。

用耕耘与智慧拆除中国军事外交的"地雷"

负责军事与外交事务期间,沙祖康一次次遇到棘手的挑战,他靠刻苦钻研的精神与智慧将之一一化解,在平衡各方利益的同时,从政策和规则层面为中国的军事与外交发展扫清障碍,为中国在纷繁复杂的多边外交中争取了主动权。他在关于《全面禁止杀伤人员地雷公约》的谈判中的努力就是一个最为生动的案例。

面对使用地雷造成大批无辜平民伤亡的情况,英国戴安娜王妃发起了全面禁止杀伤人员地雷的倡议,受到全世界绝大多数国家的热切响应。地雷是"穷人的防御武器",只有对方践踏领土入侵时,地雷才会爆炸,加上地雷价格低廉,制作简单,因而成为发展中国家的重要防御工具。然而这其中有个悖论——这些最依赖地雷防御武器的发展中国家的人们,也是地雷的最大受害者,在他们国土上埋藏的地雷一旦意外爆炸,会造成无辜平民和家庭财产的巨大损失。

1998年、1999年、2000年和2001年召开的《特定常规武器公约》附加议定书之一的《地雷议定书》

第1—4届修订年会上,沙祖康作为中国代表团团长,在联合国负责国际磋商。沙祖康当时天天受到国际社会的威胁。联合国大楼的走廊里,有地雷形状的光影动画在循环播放,时不时地就有模拟地雷爆炸的声音和画面,爆炸后,画面上显示出"中国制造"或"意大利制造"的大字。西方媒体利用这些刺激性画面,妖魔化中国作为最大地雷生产、制造和使用国的残暴,从而抢夺其国际话语权。

在国内,沙祖康更是承受着来自军方及与地雷生产有关的各行各业的重重压力。当时,中国是世界最大的地雷生产、使用和出口国,中国使用地雷的技术世界领先,地雷也是我国战法系统中不可或缺的组成部分,中国出于防卫安全的需要,必须使用地雷。有人曾公开指责沙祖康说:"核武器不能用,地雷却要天天用!这么简单的道理都不懂,还当什么裁军大使?"

沙祖康当时面临极其艰难的处境:全面禁核试条约谈判与全面禁雷谈判同时进行,中国在两条战线都面临重大国际压力,需要在禁止核试验和禁止杀伤人员地雷两者间有所取舍,既要维护中国的利益,又要争取国际社会的理解。外交方面达成的任何协议,都会对中国的军事、经济产生不可逆转的重大影响。为了深入了解禁地雷对中国安全的影响以及其他各方的立场和观点,沙祖康实地考察了中国研发、生产、储存和部署地雷的相关部门和场所，研读了有关联合国各成员国在地雷问题上的立场文件，加起来有两米多高。

为此，他曾去中俄、中蒙、中越边境考察，和边防战士同吃同住，深入交流。沙祖康处处为中国军队利益着想的精神，感动了军方。此前曾指责沙祖康的军方负责人说："沙祖康比解放军更加坚定，在地雷问题上，考虑得比解放军还要周到。"

在国际谈判中，沙祖康在中国军事专家的有力支持和配合下，反复强调国际社会可更加严格限制杀伤人员地雷的使用，以消除其对无辜平民的威胁，但不应禁止为正当防卫目的使用地雷。他用一向生动的语言诘问曾指责中国的代表："地雷就好像农村菜园门口的狗，如果不来偷菜，怕狗做什么？"

他同时指出，地雷在战后滥伤平民的部分原因是地雷本身的不足所致，不能因此完全否定地雷在保卫国家主权和领土完整方面的积极作用。各国国情千差万别，武器装备水平及其所处安全环境也不尽相同，解决这一问题应该考虑主权国家正当防卫的需要。他的发言，受到了广大使用地雷作为防御手段的发展中国家的热烈支持。

在中国军事专家的密切配合下，沙祖康提出了"限制使用地雷"的倡议，提出对使用地雷进行限制：首先，要增加其可探测性，每枚地雷中必须含有 8 克金属；

其次，可为地雷设置战后自毁、自失能的功能，如安装有使用寿命的电池等。沙祖康代表中国提出的限制使用地雷的决议草案，与加拿大等国家提出的全面禁止使用决议草案，在联合国同时付诸表决，均获得通过，中国方案比加拿大方案多得了4票！

沙祖康深知外交与军事的密切联系，因此不仅精通外交，更钻研军事，成为最出色的"文装解放军"。沙祖康以赤诚的爱国之情，把民心、党心、军心捧在手里，成为中国军事外交界的一面醒目旗帜。

3. 改革开放以来多边外交的突破者

在出任联合国副秘书长之前，沙祖康已积累了十分丰富的多边国际组织和国际会议的经验，尽管沙祖康曾表示，在自己长期的外交工作中，"从来没有输过，没有挫折"，"所有的谈判，都争取到了最好的结果"，其实，这何尝不是一次又一次艰苦斗争得来的不易成果？用他自己的话说，"日内瓦看似平静的花园城市，实际上是个尸横遍野、血流成河的地方"。多年的外交生涯中，沙祖康作为中国政府和军方的顾问，参与了中国政府在许多重大外交问题上的决策，是20世纪90年代以来中国外交风云的亲历者和见证人。

中国的特殊性，让中国在以联合国为代表的磋商机制下开展多边外交工作格外困难。第一，中国的国情和政体在国际社会可谓独一无二，国际社会自然对中国充满不解和误解；第二，中国参与多边外交和国际合作的时间短，对国际规则了解有限，1971年才恢复联合国的席位，在很长一段时间里都是出席会议，而选择在诸多议题上不参加投票；第三，中国历史、社会造就的文化观念与许多国家有巨大差别；第四，以联合国为主体的多边外交需要同时面对190多个国家，谈判现场的变化，有时难以预测，同时又必须决断迅速，而中国外交体制不够灵活，不能完全适应。此外，中国人基因里的矜持、低调，加上体制上的一些障碍，让中国外交官在国际场合往往选择沉默。

沙祖康以他的勤奋、智慧与气节，让中国在联合国的参与度取得了一次又一次突破。作为人权问题上的"铁嘴"斗士，他打破了中国外交官的矜持，勇敢为中国发声；他积极争取中国官员担任联合国机构的核心领导职务，改变中国代表性和参与度不足的状况；他主持公平公正，赢得了全球的尊重与信任，让他得以在更广阔的国际平台推动经济、社会的发展，推动绿色经济和可持续发展。

为中国人权问题辩护的"铁嘴"斗士

2001年，沙祖康刚出任中国常驻联合国日内瓦代表团特命全权大使时,曾礼节性地去拜访英国大使,对方却不客气地对他说:"大使阁下,我们大英帝国对你们的人权情况表示关切。"沙祖康觉得这明显违背外交礼仪,立即反问道:"大使阁下,你知道我现在想什么吗?"英国大使回答:"我不知道。"沙祖康说:"我怎么看着你这张脸就想起鸦片战争来了!当年,你们强迫中国人民吸食鸦片,中国人拒绝了,因此你们就挑起了战争。鸦片侵犯了中国人民的健康权。你非法占领我香港多少年,1997年才归还,在你们占领期间,你们从来就没在香港搞过任何选举。今天你突然关心起中国人民的权利来了?"英国大使当场尴尬得无法下台。

坚定不移地维护国家尊严是沙祖康一贯的作风和立场。人权问题是西方国家责难中国的一个经常而敏感性的话题。2004年3月24日,在联合国第60届人权大会上,美国代表提出反华提案,攻击中国的人权状况。中国就美国提案提出"不采取行动"动议。沙祖康在即席答辩时慷慨陈词:"我们建议美国自己照照镜子。虽然中国并不富裕,但愿意向美国免费提供一面镜子。如果大家有兴趣,可以看看我们将发布的《2003年美国人权状况白皮书》。但我在此建议大家不要在睡前读,因为那会让你做噩梦的。"4分钟的答辩,5次被掌声打断,包括美国代表团代表自己都在笑。沙祖康的英文即兴演讲诙谐幽默，妙语连珠，谈笑间樯橹灰飞烟灭，已成为日内瓦广为流传的佳话。最终，中国动议以28票赞成获胜，美国失去提出反华提案的机会。

沙祖康所拥有的，不仅是过人的胆识、耿直的性格，更有审时度势的智慧。

2004年，沙祖康在日内瓦人权会议上发言

联合国是"二战"的产物，是在发达国家主导下创建的。联合国经社理事会下设立的人权委员会每年都会在国别提案议程项下，提出针对个别国家的人权提案，而其本质是以美国为首的西方对包括中国在内的一些发展中国家人权的无端非难。每年，中国为了阻止一些国家在人权审议时对中国诟病，以获得大部分联合国人权委员会成员国的支持，都要耗费大量的外交资源。沙祖康利用美国出兵伊拉克之机，尖锐指出美国入侵伊拉克造成对他国人权的严重侵犯，就此提出针对个别国家的这一"国别审议"议程项目设立不公正，要求今后联合国人权会改革，取消这一议程项目，设立"同行审议"项目，即对包括美国等发达国家在内的每一个国家的人权状况都应进行审议。这

一妙策的实现，从根本上解决了每届会议只审议中国等少数发展中国家人权的不公正做法，对于更加合理有效地配置中国的外交资源，功莫大焉。

让中国真正参与联合国

2006年11月8日，在日内瓦召开的世界卫生组织执委会上，来自中国香港的陈冯富珍以24票比10票的绝对多数，成功当选世界卫生组织总干事。这是自联合国成立61年以来，中国人第一次出任国际组织最高负责人一职，也是历届世界卫生组织总干事竞选中得票最多的一次。2006年5月22日，世卫前任总干事李钟郁突然病逝。在总干事职位出现空缺后，陈冯富珍向中国驻联合国日内瓦代表团的沙祖康大使示意乐于参选。沙祖康经过认真调查和分析后，以驻日内瓦代表团的名义向中央政府提出建议，推荐陈冯富珍参选新一届世界卫生组织总干事。面对13个国家的极具国际影响力的候选人，作为中国政府在日内瓦前线的全权指挥官，沙祖康说："这次卫生组织竞选，在世界卫生组织历史上，是最最激烈的。作为个人，提出这样的建议，意味着我必须承担这样的责任，只能赢，不能输。"

在中央政府的布置下，帮助陈冯富珍竞选的外交活动全面展开。时任国家主席胡锦涛及总理温家宝随即给各个国家和政府首脑写信推荐陈冯富珍，胡锦涛主席还亲自给美国总统布什打电话。时任外长的李肇星及时任卫生部部长的高强分别给有关国家的外长和部长写信、打电话,中国驻各国大使也行动起来,时任香港特首和澳门特首也要求特区政府驻外机构全力为陈冯富珍助选。为了认真细致地做好其他国家代表的工作,沙祖康频频拜访在一线工作的各国驻日内瓦的大使,针对多轮表决的情况,耐心地向其介绍表决程序,让他们明白程序,明确表态。在选举前几天,沙祖康每天都要会见12到13位大使,甚至到晚上11点钟还在会见有关国家的卫生部部长。选举前,他与前后方一起对每一阶段可能出现的选情认真分析,提出对策建议。

2006年11月9日,世界卫生组织终于宣布,陈冯富珍为该组织第7任总干事。极度劳累的沙祖康感到全身的骨头都散架了,"刀架在脖子上都不会流眼泪"的他,在锁定胜局的那一刻,流下了激动的泪水:"终于成功了,我们的国家终于成功了!"这是沙祖康有生以来最高兴的一次成功。

沙祖康任驻日内瓦联合国和多边机构大使6年来,率领他的团队先后为中国成功争取到世界气象组织、国际电信联盟、万国邮政联盟、世界知识产权组织等国际组织重要领导职务;还为中国香港争取到2006年世界电信展主办权,结束了瑞士日内瓦对该展览长达

35年一家主办的历史。在沙祖康的大力推动下，联合国还聘用了一批来自中国的官员。

沙祖康对于联合国和各国际组织的深刻理解和开拓性贡献，来源于他的刻苦钻研。回顾自己常驻日内瓦的经历，他说："这6年，我到任的前4个月每天都是凌晨4点钟睡觉，天天如此，后来是3点钟睡觉，现在是2点钟到2点半睡觉。我没有节假日，我从来没有星期六，也没有星期天。除了打打球出身汗以外，我的全部时间都是用来工作的，我没有进过一个商店，好像时间老是不够用。我忠实地执行了我国的政策，发挥了我们国家在国际舞台上的作用，展示了我们国家的公正形象。我没有输过，我感到很欣慰。"

主持正义和公正，赢得广大国家的赞誉

2003年10月，联合国贸易发展会议组织选举第50届理事会主席时出现了戏剧性的一幕。根据会议议事规则，大会主席将从亚洲发展中国家中产生，可是经过几天的磋商，各方推举的两个国家候选人争执不下，使会议陷入僵局。忽然，会场上有一位大使提出，如果大家不能统一的话，就选中国的沙祖康大使当主席吧。话音刚落，就有人鼓起掌来。这时，其中一位候选人说，如果沙大使当主席，我就放弃竞选；另一个国家的候选人也做出了同样的表态。此时很多国家的代表给沙祖康以热烈支持。正是沙祖康在谈判中的辛勤付出和他在协调各方利益方面的突出表现，赢得了各国的普遍支持。

面对这突如其来的职位，沙祖康一时不知所措，他站起身来向各国代表表示感谢，同时抱着歉意对大家说："能不能请求大家给我10分钟时间，让我向国内请示一下我可不可以当这个官。"他与同事到会场外打电话，得到国内批准后，才回到会场，这时会场已是一片掌声，会议通过了由沙祖康担任第50届联合国贸发理事会主席的决议，各国代表还推举他担任第11届贸发大会筹备委员会主席。两个主席集一身，这也是中国白恢复联合国席位以来的第一次。

这样的经历奠定了他被指定为联合国副秘书长的基础。在他之前的中国籍副秘书长，主要负责联合国会务工作。沙祖康所管辖的范围，可以说涵盖了除军事、安全以外的联合国所有经济和社会领域。也正是这样的岗位磨

沙祖康就任联合国副秘书长在纽约联合国总部大楼前

炼经历，让沙祖康对联合国有格外深刻的认识。

任期内，沙祖康卓有成效地完成了一系列工作，更在原本利益格局僵化、机构庞大的联合国体系下完成了难以想象的巨大创新。其中，最为大规模的创新与突破是于2012年6月在巴西里约热内卢召开了联合国可持续发展大会，这也是联合国历史上级别最高、参加人数最多的一次会议。作为峰会及筹备会的秘书长，沙祖康极力推动各方一致同意，谈判拟订"可持续发展目标"（SDGs），以取代2015年到期的"千年发展目标"（MDGs）。联合国可持续发展大会围绕可持续发展和消除贫困背景下的绿色经济以及促进可持续发展的体制框架两大主题展开讨论，全面评估20年来可持续发展领域的进展和差距，重申政治承诺，应对可持续发展的新问题和新挑战。绿色经济已成为当前国际社会发展领域的焦点问题。

当时，在与可持续发展密切相关的气候变化问题上，发展中国家与发达国家产生巨大分歧，核心是，在气候变化问题上是否仍应坚持20年前经各方同意的"共同而又有区别的责任"原则。沙祖康积极平衡各方利益，吃透可持续发展概念，提倡践行共同而有区别的责任，并提出绿色发展的解决方案："发达国家和发展中国家，在可持续发展的目标上应该是一致的，所有的国家都有共同的义务。这个问题不应该成为分裂发达和发展中国家的一个题目，而应该是凝聚和团结全人类、所有国家的一个题目。因为各个国家的国情不同，发展水平也不同，各方面的文化理念也不一样，特别是考虑到，从历史上来看，目前不可持续的发展情况是因为发达国家近百年来无节制地使用地球资源造成的，所以在这个情况下，我们虽然面临着共同的责任，但是发达国家必须根据20年前通过的里约宣言来承担特殊的义务，应该率先在可持续发展问题上做出榜样。与此同时，应该在经济、技术转让、能力培养等问题上帮助发展中国家。这都是发达国家在20年前同意的，这次会议应该重申这样的原则。"

同时，沙祖康也指出，发展中国家不能单纯依靠发达国家的帮助，应该用好援助并寻找一条适合自己的可持续发展道路。发展中国家经济转型、发展模式转型是需要代价的。除了政策到位之外，资金要到位，有的政策在落实时第一需要资金，第二需要技术转让，第三还需要人才，这三个问题对发展中国家来说是最难的。

作为2012年联合国可持续发展大会的秘书长，他深感责任重大并且为此感到自豪："我觉得我应该尽力去做，这是一个中国公民作为联合国高级官员、中国的外交官，或者作为一个地球人应尽的义务，我为此而感到自豪！"一路走来，沙祖康已不仅仅是中国利益的捍卫者,更是胸怀天下的世界公民。

4. 贡献"一带一路"

40多年丰富多彩的外交经历,让沙祖康对国际安全、双边合作、多边外交、可持续发展等领域都有深刻认识,而这些知识与经历,成为他贡献"一带一路"倡议的重要财富。卸任后的沙祖康,就任中国巴基斯坦友好协会会长、蓝迪国际智库专家委员会成员、绿色协会荣誉会长等职务,继续为"一带一路"事业贡献自己的力量。

沙祖康对"一带一路"倡议有着深刻的认识,他认为,"一带一路"是我国提出的最大的公共产品,对沿线国家的经济和社会发展将起到巨大推动作用,会得到沿线国家的普遍欢迎。"一带一路"倡议具有战略意义,但其本身绝非中国的战略,而是秉承"共商、共建、共享"原则,与沿线国家共同发展的方案。"一带一路"旨在促进政治多元化和经济全球化这一不可逆的历史进程,构建命运、责任和利益共同体。

沙祖康曾在斯里兰卡和印度常驻,对南亚地区的发展有深刻见解。他认为,影响南亚地区"一带一路"建设的主要挑战是这些国家与中国社会制度的差异——政党轮流执政,政策稳定性差,一旦执政党政府下台，政策连续性和国际合作前景有时将难以保证。因此，在与对方政府探讨政策联通的过程中，宜劝说政府，最好能同时征求民众和反对党意见，听取他们对"一带一路"发展的愿望和诉求。

"中巴经济走廊"是"一带一路"的旗舰项目，也是"一带一路"建设中进展最快的项目，目前已经有20余个项目落地，主要集中于瓜达尔港建设、基础设施建设、能源合作和产业合作四大领域。中国对巴基斯坦进行了大量投资。根据巴方统计，中国向中巴经济走廊投入460亿美元。"中巴经济走廊"的发展基础是中巴双方的全天候友好关系。除了需要重点发展的四大领域外，医疗、教育、卫生等关系到社会民生领域的合作也在逐步展开。

"中巴经济走廊"是中巴友谊的象征。当前，双方的经济合作远远滞后于政治合作，政治友好需要经济合作的强有力支撑。谈到合作原则时，沙祖康强调，在合作过程中，一定要坚持"义利兼顾，以义为先"。"中巴经济走廊"建设，绝不是中国对巴基斯坦单方面的"恩赐"，走廊建设同时也将给中国带来巨大的利益。中国企业在"走出去"的过程中，一定要牢记巴基斯坦人民对中国人民的深厚友谊，以及巴基斯坦给予中国的巨大帮助。

对世界局势的深刻把握和纵横国际"沙场"的经历，

也让沙祖康立足长远,反思"一带一路"建设中需要注意的问题。他强调,"一带一路"建设是一项长期艰苦的工作,不可能一帆风顺。"一带一路"沿线国家绝大多数为发展中国家,但相互的发展水平、国情都有很大差异。"一带一路"建设面临一系列不可规避的风险,包括大国博弈、政权更迭、恐怖主义、市场秩序紊乱、汇率波动、法律体系不对接、风俗各异等。对于国家和企业,一定要熟悉和了解对象国情况,一定要有底线思维,立足最坏的情况,争取最好的结果,要有好的顶层设计,要实事求是,精准了解对方需求,选好、用好诚信度较高的当地和国际咨询公司等智力资源。

关于"一带一路"的可持续发展,沙祖康思考了很多。他强调,绿色发展是实现科学发展的重要手段。"一带一路"的宗旨是为了推动沿线各国的经济社会和环境的协调发展和可持续发展。因此。"一带一路"必须是绿色的,是以绿色、低碳、环保为标准的可持续发展。

中华梦与世界梦,治国和平天下的理想,使沙祖康热血澎湃,而这些早已成为他生命的一部分。他也将继续用他的智慧与热情,延续"一带一路"的火种,见证中华的崛起与世界的发展。

(朱可人)

外柔内刚外交官——华黎明

引 子

挨打、挨饿、挨骂，这三个词洗练地概括了近代中国的三个发展历程，而处在外交第一线的外交官们，对此更是感同身受。

2016年12月23日，一位77岁的中国资深外交官走进了《中国正在说》栏目，与英国记者兼制片人约翰·皮尔格（John Pilger）对话。"我在荷兰商企界很受追捧，但是在荷兰外交部，却常常受到他们关于所谓人权、台湾、西藏等问题的刁难。"这位曾被阿联酋总统授予"一级独立勋章"的中国外交官，开首便点出自己曾在国际上"挨骂"的处境。他说,自己在抗战时被日本占领的上海,经历了"挨打",在中华人民共和国成立前也"挨饿",当了外交官却又"挨骂"。

在访谈中,这位中国资深外交官笑称,美国总统奥巴马多次说过,美国还要领导世界100年,因为他已经听到了中国在赶超的脚步声。在总统选举中败选的希拉里曾经说过,"我不愿意让我的孙辈,生活在由中国制定游戏规则的世界里"。但是,他们忘记了:"1949年前,美国政府官员就和中国共产党领导人建立了友谊,抗日战争时还有美军驻延安小组,为日后的尼克松和毛泽东开启美中关系正常化留下历史伏笔。"这位外交官话锋一转,"中国的外交是否成功,关键是要看是不是为中国的现代化建设和发展营造了一个和平友好的国际环境,骂人最容易,把谈判搞砸了,搞坏了,最后把我们的军队推到第一线,这是外交官的失职。营造一个和平、友善的环境,不让中国的发展被阻断,这是我们外交面临的最重要的事情。时间对中国很重要,给中国一点时间,真的很重要。"

这位资深外交官,就是在外交战线驰骋40多年的华黎明大使。这位曾担任周恩来总理首位波斯语翻译的外交官,在其侃侃而谈中让世界看到了中国外交官的外柔内刚。

说到给周总理当翻译,这里面还有一段很有意思

中国资深外交官华黎明

的故事。1972年,在山西省离石县偏远的山沟里,一批外交干部在五七干校内热火朝天地劳动,温文尔雅的华黎明也在其中。33岁的他,正在田间奋力"修地球",突然,干校军代表跑来通知他:"北京来电话,有重要的任务让你明天赶回去。"撂下这句话,军代表就走了,留下华黎明直犯嘀咕,到底什么事?怎么也不说清楚呢?

第二天一早,不明所以的华黎明搭上干校拉货的大卡车,从离石县辗转到了太原,又连夜坐上了太原至北京的火车。那时候的交通,可不像现在这样方便,经历了两天多的忐忑和焦躁后,疲惫不堪的他下了火车,直奔外交部寻找答案——原来是伊朗王后和首相访问中国,需要他给周恩来总理做翻译。

华黎明低头看了看自己，满身尘土，犹如一个刚出土的文物，顿时羞愧难当，再想想这一年多没碰过波斯语，又紧张得直发抖：就这惨兮兮的形象，怎么进人民大会堂？怎么为总理翻译？

向外交部借了一套衣服换下后，华黎明硬着头皮走进了人民大会堂。

周恩来总理对翻译工作非常重视，要求译者上餐桌并坐在他身旁。发消息时，翻译和记录员的名字都要见报。这让华黎明好不容易平复的情绪又紧张起来，两手一个劲儿地冒汗，哪里还顾得上吃东西，总理见状，夹了些菜放到他碗里，这一举动把他感动得想哭。在"煎熬"中漂亮地完成了翻译工作后，华黎明准备返回干校，毕竟自己的妻儿还在离石，而且当初下放时军代表就说过，让他做好扎根一辈子的准备。但因为中国与伊朗刚建交，外交部急需波斯语翻译，华黎明被留在了北京，再也没有返回干校，成了伊朗领导人和王室成员来中国访问的"御用"翻译。

就这样，恍惚中的华黎明，迎来了人生的"黎明"。

1."被安排"也是一种幸福

那个年代，听过波斯语的人不多，能翻译波斯语的更是稀缺人才。作为新中国第一批学习波斯语的7

名大学生之一，华黎明有资本骄傲，但是他没有，"祖国的需要就是我的志愿，我只管好好埋头拉车"。

华黎明，1939年出生在上海。父母文化程度不高，来自浙江农村，曾育有两个女儿，可惜在艰难的时局下她们双双夭折。日军侵华后，华黎明的父母逃难至上海，在基督教会打杂以维持生计。华黎明的降生，多少抚慰了父母受伤的心灵，也让他们在并不宽裕的情况下给予了他最宽容的爱。

那时候的上海并不太平，先后经历了日本侵略、汪伪政权、国民党政府统治。也许是纷乱复杂的政局使人觉得宁静可贵，也许是来自父母隐忍性格的熏陶，小小年纪的华黎明，没想过将来要做什么，要成为什么样的人，只是渴望着和平，渴望中国人不再被人欺负。

4岁那年，周围的小伙伴都去教会学校上学了，华黎明没有了玩伴，于是哭着也要上学，这大概是他一生中屈指可数的一次"任性"。娃儿还小，不到年纪呀，学校不肯收，怎么办？架不住儿子的闹腾，父母反复向学校求情，最终学校让了步：同意接收，但入校后不会区别对待，如果考试成绩不达标，留级再读。说来也神奇，本是为玩儿而入学的华黎明，成绩居然相当"争气"，顶着全班年纪最小的"帽子"，一口气读到了小学毕业，那时，他刚满10岁。得益于教会学校的环境，自三年级起，他还学起了英语，打下了坚实的外语基础，也为日后的外交官生涯埋下了伏笔。1949年5月，上海解放，这让全家的境况得到好转：父母有了正式工作，他也继续升入中学学习。

很快，华黎明的人生出现了转折。即将高中毕业的他，被校长叫去谈话，校长指定他去北京外国语学院学习。要知道，那时中华人民共和国刚刚成立，人们正激情澎湃地投身新中国建设，年轻学生的理想哪个不是去清华大学、哈尔滨工业大学、航空航天大学、钢铁学院等读理工科？学文科尤其是外语那是要被看轻的。"国家需要我去，我就去呀。不管到哪里，不管学什么都是为了报效祖国。"这样一件人生大事，就被华黎明这么给"安排"过去了。

上天似乎格外喜欢跟"腼腆"的人开玩笑，就在华黎明踏踏实实学英语的时候，1958年他被外交部挑中，送往北京大学东语系学习亚非语言。这次的决定来得比以往更"随意"：被挑过来的学生有30多名，外交部干部司的代表拿着名单向他们宣布每个人将要学习的语种，包括日语、朝鲜语、阿拉伯语等七八种。连同华黎明在内的7名学生被宣布学习波斯语，当时的他一头雾水，甚至不知道波斯语是哪个国家的语言。

一切从零开始，连聘请老师都费了不少劲，3名流亡在苏联的、从来没做过教师的伊朗人，成了中华人民共和国第一批波斯语学生的老师。这是华黎明第一次接触伊朗人。三位伊朗老师亲切、友好的态度和呕心沥血的教学，令他至今难以忘怀。

在北大学习了5年波斯语后，作为定向培养生，毕业后的华黎明进入了外交部。两年后，刚刚结婚9天的他，再一次接受了"被安排"的命运——赴中国驻阿富汗大使馆工作，为大使当翻译。

华黎明，"中华""黎明"，单论名字，他这一生也注定要和国家命运密不可分。1965年，和中国建交的国家尚为数不多，作为邻国，阿富汗的战略地位更显重要。那是华黎明第一次走出国门，外交对他来说还是一个模糊的概念，他最高兴的事莫过于吃饭再也不用粮票了，"凭粮票吃饭的时候，就没敢放开肚皮痛快吃饱过"。

这样的"痛快饭"在阿富汗一吃就是6年。这6年间，华黎明住集体宿舍，吃集体食堂，出门和大使同行，生活波澜不惊。偶尔也有些"惊吓"，比如1966年8月。每年8月，阿富汗都会隆重庆祝独立日，并邀请世界各国艺术团演出。中国从1956年开始，每年派出的艺术团都深受阿富汗欢迎，但这次发生了意外，中国正在经历"文革"，国内派来的艺术团拒绝演出，原因是革命国家不能与"帝、修、反"国家同台演出。

后来经过中国大使馆协调，中国艺术团得到允许单独演出。然而，一波刚平一波又起，彩排谢幕时艺术团只向中国领导人的挂像致敬，没有向阿富汗国王"低头"致敬。阿方对此不满，最后索性宣布取消演出。这下艺术团不干了，开始抗议，事件愈演愈烈。华黎明随同中国驻阿大使去阿外交部交涉，阿首相和文化大臣态度激烈。之后，阿外交部一位副外长态度温和地接待了他们，该争争、该吵吵，从晚上7点到凌晨3点，双方终于初步达成了妥协方案：艺术团可以按照既定方案出演，但阿国王及王室成员不再出席。第二天早上6点，方案报给首相，不一会儿通知电话打了过来：可行。此风波得以解决。这是华黎明直面的第一次外交"事故"，虽然小，却让他惊出一身冷汗，外交无小事！反思自己的冲动，阿副外长的冷静让他肃然起敬：外交官代表的国家力量有大有小，一个外交官可以做的事却很重要。

2003年，这位"不小心"给华黎明上了第一堂外交课的阿富汗前副外长到访北京。两人37年后再聚首，重提这件往事，"当时我们都不知道中国发生了什么，其他人可能很生气，但作为外交官我觉得，中阿走到这一步不容易，不应因这件事破坏双边关系，所以只能想尽办法降低影响。如果我驱逐了艺术团，你们的抗议、断交等一系列事件都可能发生，这对中阿关系毫无益处"。

这件事，深化了华黎明的"外交思维"。身为外交官，站在自己国家的立场考虑问题，为国谋利责无旁贷，但也要主动了解对方国家的情况，从大局出发，兼顾他国利益，这样才能妥善应对和处理突发外交状况。

2.外交官初成记

1971年，华黎明回到阔别6年的祖国，等待他的，是从未经历过的一次安排——去山西五七干校劳动。那也是他这辈子最绝望的时刻，不为别的，只为国家培养的一身才能再也没有了用武之地。

下田插秧、拉牛粪、扛重活儿……从小在大城市长大的华黎明把粗活学了个遍。更让他感到震撼的，是中国农民的赤贫。当地交通闭塞，老百姓食不果腹，他们心目中最好的地方就是离石县城，因为他们从不知道还有更美好的远方。这让见过"世面"的华黎明深深觉得：中国要想强大起来，还有很长的路要走。自己如能再成为外交人员，必当为中国的富强尽力。

命运仿佛听到了华黎明的心声，不久，那个改变他命运的电话就打了过来。与其说是电话的召唤，不如说是和周恩来总理的渊源。当年，正是总理根据国际形势及中国发展的需要，指示外交部培养波斯语翻译。

这一次，华黎明不仅走到了总理身边，还先后担任刘少奇和邓小平等国家领导人的波斯语翻译。耳濡目染国家领导人的风采，尤其是周总理的外交思想、风度、品格，特别是其世界性的眼光和换位思考能力，让华黎明迅速成长。

1990年8月，科威特战争爆发。由于伊拉克的入侵，科威特国内一片混乱，来自中国的几千名劳务人员处在危险之中。此时，作为外交部西亚北非司副司长的华黎明的一个重要的任务，就是组织这些同胞安全撤离。为了应对这次危机，西亚北非司设立了危机小组，这是改革开放以来第一个撤离海外人员的专门机构。随后，指令发到中国驻约旦使馆：全部撤离滞留科威特的近5000名劳务人员，使馆必须全力以赴，做好撤离海外人员的准备。

在中国井然有序地安排撤离路线，与约旦紧急交涉开放领空和机场，组织大巴，准备食物和水时，台湾当局驻科威特商务代表处的大员扔下一句"无能为力，自求多福"后，便溜之大吉，撇下了120多名台胞，对此，中国大使馆绝不能弃之不管，外交部指示驻科威特使馆，撤离时一定要把台湾同胞带上。于是，台胞坐上了撤离的第一辆大巴，同几千名大陆同胞一起，从科威特出发一路经过伊拉克全境，平安抵达约旦，过程中无一人死伤。

1990年,以美国为首的西方国家孤立中国,尽管外交环境艰难,中国还是和新加坡、沙特阿拉伯建交了。华黎明参与了建交谈判的全过程,充分领略了与沙特谈判的艰辛。作为一个伊斯兰国家,"二战"之后沙特国内有个不成文的规定:不与任何社会主义国家建交,而且,当时的沙特与台湾当局有贸易交往。中国建交提出的条件是必须承认"一个中国"原则,这也成了谈判桌上始终僵持不下的争议点,沙特坚持"不能在我的朋友背后捅上一刀"。中方反复强调"一个中国"是我们的基本原则,"我们的底线是必须承认'一个中国',其他问题可以灵活处理,毕竟当时台湾当局是沙特重要的石油出口地"。经过艰苦的谈判,中方最终说服沙特与中国建交。于是,中国成了第一个与沙特建交的社会主义国家。

华黎明的表现,无愧于许下的承诺。1975年5月12日,伊朗国王的孪生妹妹阿什拉芙公主访问中国,坚持要见老朋友周总理,会见在医院进行。即便是病重,总理依然非常注重仪表,显得风度翩翩。阿什拉芙公主再次邀请总理访问伊朗,总理指了指华黎明等人,说:"看来我是不行了,将来要去也是他们了。"在一边负责翻译的华黎明,声音逐渐哽咽。那是华黎明和总理的最后一次见面,总理的外交风范令他终生难忘,成为他外交生涯中永远的一盏指路明灯。

1975年,华黎明(左一)陪同周恩来总理
会见伊朗公主阿什拉芙

1977年底,华黎明以一名青年外交官的身份被派往中国驻伊朗使馆工作,见证了石油造就的繁荣、伊斯兰革命以及人质危机。观察伊朗形势并向中国报告成为他的主要工作,也正是在伊朗使馆工作的那几年,华黎明对伊朗的政治、经济、文化、风俗习惯等有了更为深入的认识。1991年,中国正遭受以美国为首的西方国家的严厉制裁,外交面临严重挑战,而伊朗抗拒美国,在台湾、人权等问题上力挺中国,双边关系达到前所未有的和谐,在此契机下,华黎明赴伊朗,出任大使,很快,他遇到了"甜蜜"的烦恼。

1991年10月底,时任中国国家主席的杨尚昆访问伊朗，受到热烈欢迎。然而，一个小小的礼宾问题给华黎明带来了极大的困扰。哈梅内伊是伊朗的最高领袖，见客时席地而坐。之前李鹏总理与其见面时，为了尊重对方，就盘腿坐下了，可是会谈结束，总理的两条腿都麻了。何况杨尚昆主席已是84岁高龄，如何席地而坐？

华黎明向杨尚昆主席建议："如果不行，我们宁可不见。"杨主席却十分认真："还是尊重人家的习惯，试试看吧。"于是，在杨主席下榻的房间，时任的副总理吴学谦、华黎明和几位警卫人员搀扶着他"试坐"。可不要说坐，连蹲下去都十分吃力。与政治敏感度锐利的高手过招，稍有半分差池，丢的是国家形象，产生的是国际笑话。请示吴学谦副总理后，华黎明找到了伊朗总统府典礼局长："我们主席年纪大了，席地而坐有困难，希望与领袖会面时能够安排一把椅子，什么椅子都可以。"对方却一口回绝。再次交涉，还是谈不下来。华黎明第三次找到总统府典礼局长，对方的立场依然没有松动，表示干预不了哈梅内伊办公室的事务，但一定会向办公室通报中方要求。眼看时间临近，办公室依然没有答复，华黎明只好交底，"既然你们有困难，会见可以取消"。也许是这句话分量太重，惊动了伊朗外交部，不久事情出现了转机，那位局长找到华黎明说："可以考虑安排椅子，但只有99%的可能性。"

华黎明立刻反问道："为什么是99%？如果出现那1%，届时杨主席与你们领袖只站着握手寒暄，不坐下谈话。"对方却回答："悉听尊便。"

会见那天，当杨主席一行进入大厅时，四周果然没有摆放大家期待的椅子。哈梅内伊热情地请杨主席坐下来谈，杨主席客气地回应说："对不起了，我年纪大了，坐在地上很困难，这次来拜访你，向你表示敬意和问候。我们两国关系很好，希望双方努力，继续发展这种友好关系，以后有机会再谈吧！"

一场外交礼仪上的尴尬事件，险些酿成访问失败。幸亏华黎明凭借多年的外交经验提前做了准备予以化解。此后，伊朗方面终于改善了外交礼仪方面的一些做法。华黎明注意到，伊朗宗教领袖在会见外国元首的时候，不再勉强来访者坐在地毯上谈话，而是备有椅子了。当然，这都是后话了。

驻伊朗期间，双方高层互动频繁，华黎明的努力方向还有一个——推动两国经贸往来。杨主席到访时，带着华黎明等人和伊朗总统谈妥了德黑兰地铁项目。推动难，落实更难，尤其是价格谈判，以致1995年华黎明离任时，项目尚未完工。但作为中伊合作的第一个项目，作为中东的第一条地铁，德黑兰地铁成功地在伊朗人民心中打下了"中国修建"的烙印，加深了中伊两国人民的友谊。

3. 这个大使能做点事

1995年12月，华黎明调任驻阿联酋大使。这个任命着实让他尴尬不已：在阿联酋眼中，伊朗是一个敌对国家，阿联酋和伊朗两国之间有三岛领土的纠纷，中国和伊朗签过共建核电站的协议，关系微妙。最要命的是阿联酋和伊朗相邻，一个被伊朗友好对待多年的大使，突然"跳"去阿联酋，阿联酋会怎么看？又会是什么样的态度？

驻阿伊始，尽管做好了心理准备，华黎明还是心里直叫苦，工作的开展举步维艰！与此同时，阿联酋与台湾当局却热乎得紧。1995年四五月份，台湾地区领导人李登辉到阿联酋访问，这给中阿关系带来了很大的负面影响，前任驻阿大使曾为此向阿联酋政府方面提出抗议，两国关系降到了低谷。

"外交不是要去打仗，而是要尽量减小摩擦，为中国发展创造良好的环境。"作为"文装的解放军"，不管面对什么境遇，都要勇敢向前并且做好工作，这是一个外交官的职责。华黎明到任伊始不厌其烦地去拜访阿联酋王室和政府官员，反复强调，"台湾是中国的领土，是中国不可分割的一部分，世界上只有一个中国，希望阿联酋能尊重中国的主权、中国的领土，不要参与制造'两个中国'"。阿联酋方面则重复,"波斯湾三个岛屿是我们的领土,现在被伊朗占领,希望中国支持我们的立场"。相当长一段时间里,华黎明跟阿联酋官方之间的对话都是这种"聋子的对话",你讲你的台湾问题,我讲我的三岛问题。

这样下去不是办法,外交要是这么搞,那这个大使就是失败的。这促使华黎明开始思考,一直以来沿袭的外交方法是否合适?世界各地存在大大小小的国家,同他们强调"一个中国",他们听不懂,从头讲,他们又没兴趣。"将欲取之,必先予之",华黎明调整了方法,对伊朗和阿联酋之间的领土纠纷做了详细研究,虽然中国采取中立立场,但并不妨碍对此问题进行了解。当阿联酋方面再次讲三岛问题时,他便认真倾听,并表示关切。果然,这招奏效了,阿联酋方面认为他们的需求得到重视之后,对华黎明的态度也有所松动。"冷冰冰"的官方外交,被华黎明添加了些许温情。

后来,李登辉去美国访问,中国做出了一系列强烈反应——军演、撤回驻美大使。华黎明把握时机,继续做阿联酋方面的工作:"美国是超级大国,但中国并不害怕,李登辉访美,中国召回了驻美大使。尽管之前在阿联酋发生过类似的事,但我依然在这里,说明中国依然视阿联酋为友好国家。"这话,阿联酋方面听了个明白。在加紧政治攻势的同时,华黎明对症下药,鼓励国内中石油、中石化等企业去阿联酋采购石油，签订合同，在经济上让两国挂上钩，逐步削弱阿联酋对台的出口依赖。慢慢地，阿联酋改变了对华黎明的印象。

跬步之积，必致千里。1996年，时任国务院副总理的吴邦国到阿联酋访问，阿联酋向吴副总理表示曾经做过令中国不愉快的事情，但以后不会再发生。闻此，最高兴的莫过于华黎明了。此后，他在阿联酋王室和政府开展工作顺风顺水，不仅赢得了他们的信任，也为两国赢得了友谊。两年后，华黎明离开阿联酋，阿联酋总统亲自授予他一枚"一级独立勋章"，这是阿联酋向社会主义国家颁发的第一枚勋章，这是中国驻外大使得到的头一份，这是属于华黎明的荣誉，更是属于中国外交的荣誉。

从刚去时的"冷漠"到离开时的"热烈"，是对华黎明外交工作最好的"旁注"。只有他自己知道，那些无人正眼相看、独在异国他乡的日子有多难熬，那些苦思冥想、反复周旋的时刻有多考验人。外交工作，并不如影视形象中展示的参加宴会、碰碰杯、迎来送往那般简单，而是要因时、因人做大量具体、细致、艰苦的工作，外交官代表的不仅是自己，更是一个国家。用对方能听懂的话讲好"中国故事"，展示出友善、良好的大国形象，创造出中国发展需要的和平环境，是华黎明的所思所想。

"西亚中东地区许多国家起初并不信任中国。我们那个年代出国的人都要经过审查，在外也会时刻注意言行，这些国家跟我们外交官接触后，对中国的印象逐渐好了起来。现在国与国之间的交流增多，出国留学、经商、旅游的人越来越多，在这个传播速度似光的时代，光靠外交官是不够的，所有走出去的中国人都要为中国的形象负责任。建立命运共同体，我们还有很长的路要走。"华黎明一直不遗余力地为促进中国与中东国家关系而奔走呼号。

2001年，退休后的华黎明闲不下来，担任了中国国际问题研究所特聘研究员、中国联合国协会常务理事，继续"做点事"。出于对国际政治的敏感和外交生涯的深厚积累，他向媒体呼吁，向外交部建议，加强同中东国家的联系，充分认识中东国家的战略地位。在争取这些国家对中国信任的同时，对这些处于战乱冲突中的国家保有关切之心，做"经济和外交上的双重巨人"。

华黎明用心弹奏的一个个音符，终是汇聚在了中国与这些国家的合奏曲中，让友谊之树常青。

4. 这是个友善的大使

从中国飞来的航班在阿姆斯特丹国际机场着陆了，

华黎明去机场接待出访的中国领导时，再次看到荷枪实弹的荷兰警察快速守住了机舱出口，开始检查证件，一见到来自中国的非法移民立马扣起来带走。每当这时，华黎明就觉得心很痛，"中国一定要强大起来，让这一幕不再发生"！

这是华黎明任驻荷兰大使兼中国常驻禁止化学武器组织（OPCW）代表时的一幕。1998年3月，华黎明到达荷兰，履行他的第三次任职，无疑，这是一次巨大的挑战。荷兰是他常驻的第一个欧洲国家，同中东的文化完全不一样。而且，此时的中国和荷兰之间刚刚发生过一场小小的外交风波。

1997年的日内瓦人权会议上，以美国为首的西方国家提出了一个指责中国人权的提案。荷兰是追随美国参加提案的少数几个欧洲国家之一，不但如此，荷兰对中国进行很多无端指责，中国外交代表与之发生激烈争执，中荷关系降到低谷。中国停止了与荷兰副部级以上领导人的所有外交来往，暂停了中荷之间一些大的经济合作项目。在荷兰企业界向政府施加压力后，荷兰首相于1998年初给当时的中国总理李鹏写信，表示愿意在人权问题上与中国对话，不搞对抗。其后，李鹏总理对荷兰进行了访问。

这个结刚刚解开，华黎明就奉命出使荷兰。本以为工作好做了，没想到却依然"鼓角相闻"：对中国，欧洲媒体基本处于"声讨"状态。舆论氛围的引导，使大使馆门前聚众抗议中国西藏、人权等问题的民众不断。华黎明陷入了思考。

机会总是留给有心人。一次，华黎明去参加午宴，时任香港财政司司长的曾荫权发表了演讲，短短20分钟就表达出香港的友好、开放和繁荣，赢得荷兰人的热烈掌声，坐在华黎明旁边的一名荷兰企业CEO感慨道："这是用最好的方式推销了中国！"说者无意，听者有心，这句话带给华黎明的冲击不亚于一次"思想地震"，当真是一语惊醒梦中人。荷兰动不动就指责中国的人权问题，可是真正了解中国的荷兰人又有多少？很大一部分的指责是源于不了解。一个外交官如果不会"推销"，不主动去"推销"自己的国家，坐等别人"妖魔化"的评判，就太被动了。

从那以后，华黎明特别注意这方面的工作。越是"难啃的硬骨头"，越要花大力气"啃"。荷兰议会分左、中、右三派，三派均"不亲"中国，这是阻碍中荷友好的最大堡垒。其中，西藏问题是中荷关系中最难啃的"骨头"，荷兰外交部门听惯了中方的一套说辞，次数多了，便听得不耐烦了。后来，每次在出发之前，华黎明会把这套说辞打印出来，到了外交大臣那里，直接拿出来摆在桌子上，开门见山地说："我今天来，还是要跟你们谈这些'不愉快'的问题，中国政府的立场不会变，我也不予以重复。现在，让我们来谈一些特别的。"之后，他便用自己的语言，向对方讲述"中国故事"。在华黎明出席的无数次早餐会、午餐会和晚餐会上，他坚持不照本宣科，用欧洲人听得懂的话"推销"中国，收到极佳效果。

一个合格的外交官，需要灵敏的思维，需要优秀的口才，更需要渊博的知识。在那些来回"拉锯"的日子里，华黎明曾经多次访问著名的莱顿大学，偶然间，他发现库存资料对荷兰曾经的殖民地——我国台湾地区的记录相当详细，从气候到土壤，从植物到人群分布等，虽然是几百年前所作，但翔实程度还是令他吃了一惊。反观国内，对大部分中东甚至欧洲国家却不甚了解。知己知彼，才能百战不殆，这件事给华黎明很大启发。2001年，他退休回国，一有机会，便向大学生们讲这件事，讲国际形势，分享国外所见所闻，鼓励他们为国家的发展尽一份力。

达赖访问荷兰，是华黎明到任后遇到的另一件"大事"，他第一时间到荷兰外交部进行义正词严的交涉，但荷兰坚持接受达赖的访问，王储、首相、外交大臣先后予以接见，还允许达赖在海牙举行了几千人参与的讲经会。这令华黎明很愤怒、很沮丧，但他也明白，两国关系要想得到实质性改善，非一日之功，需要靠几代人坚持不懈的努力。后来,达赖依旧会去荷兰访问,华黎明的"脾气"也上来了，态度坚决一次不落地去交涉、抗议。

与荷兰这样的争执、摩擦经常发生，尤其是遇到人权、西藏问题。1999年，荷兰女王到中国访问，谈到计划生育问题时，女王直言这项政策侵犯人权，华黎明耐心地向她说明中国计划生育政策的初衷。类似这样的事情很多。华黎明深知，女王的观点在荷兰人中间很普遍。"攻心"最难，自己唯有利用几十年的外交经验，尽量去做对方的思想工作，不计较暂时的成果。凭着这份"韧劲"，华黎明在荷兰国会里结识了很多朋友，虽然依旧会争吵，某些问题依旧谈不拢，但并不妨碍包括女王在内的荷兰朋友得出一致的结论：这是一位友善的大使，代表了一个友善的国家。

友善的不止双方关系，中荷之间的经贸往来也迅速发展。华黎明刚到任时，两国贸易额只有几十亿美元，3年后离任时已将近100亿美元，菲利浦、联合利华、ING荷兰国际集团、荷兰银行等一大批跨国企业在中国均有不同规模的投资。

2001年，华黎明离任时，荷兰女王破例为他举行了欢送午宴，2000多人参加了他的告别招待会，其中有6位政府部长出席。当时，荷兰报纸进行了大量大字标题报道"女王为中国大使破例了"。华黎明再次被荷兰称为"友善的大使"，又一次为国家赢得了荣誉和友谊。面对荷兰这个西方国家的"挑战",华黎明应对得很成功。

不盲从,不冲动,坚定地走自己的路,这位表面儒雅的老人,

1999年,华黎明(左)与到访的荷兰女王在苏州拙政园留影

内心有着近乎执著的力量。在中国外交的转型期,伊朗、阿联酋、荷兰一个个陌生的国度,华黎明受命而去,载誉而归。灵活的外交手腕,让他能根据国内形势的变化,不断调整外交理念和方法,万变而不离其宗——中国的发展。外交如此,"一带一路"倡议更是如此,与沿线国家建立非常友善的关系,对于中国的未来极其有利。中国只有成为一个真正令人尊敬的国家,成为一个真正令人向往的国家,才是一个强国。

40余年的外交生涯,20余年常驻国外的经历,让这位外交官的内心更从容,眼光更独到,"不管什么时候,一个外交官的首要职责是为自己国家的利益服务。中国现在最大的利益,就是为和平崛起创造良好的环境"。

中国的外交政策,向来与国家的发展阶段密不可分,国家实力各个时期不一样,每名外交人员的风采也不尽相同。在华黎明那个时代,中国被西方国家孤立和封锁,他用不卑不亢的姿态和百折不挠的精神,迎击那些来自不怀好意之国的暴风骤雨,为国家的崛起创造和平的国际环境,何尝不是一种帅气。每一个为国家利益鞠躬尽瘁的人,每一个为国家发展尽心竭力的人,都值得全世界的尊敬。

就如华黎明大使。

(周 艳)

蓝迪国际智库掌门人——赵白鸽

引 子

她曾在码头上做搬运工人扛大包,曾在中国最贫瘠的土地上面朝黄土背朝天地耕耘;她曾求学英国剑桥大学和美国密歇根大学,是改革开放后第一批开眼看世界的中国人,毅然从大洋彼岸飞回祖国贡献力量;她曾成为推动中国人口和计划生育技术进步的一面旗帜,为树立"以人为本,优质服务"的计生服务理念立下汗马功劳;她曾临危受命领导中国红十字会,让人道与发展的旗帜在中华大地高高飘扬;她曾作为国际红十字与红新月会国际联合会副主席慷慨陈词，在国际舞台上发出"中国声音"；她审时度势投身"一带一路"建设，让思想与行动在新型国际智库平台碰撞出最耀眼的火花。她基调凝重而色彩斑斓的人生，始终与共和国同呼吸共命运。她就是全国人大常委会委员、外事委员会副主任委员、中国社会科学院蓝迪国际智库专家委员会主席——赵白鸽。

这位百折不挠、胸怀祖国、放眼国际、跨界思考知识女性，究竟是怎样炼成的？让我们随着她波澜壮阔的人生一探究竟。

1963年，11岁的赵白鸽第一次来到北京，深深陶醉于首都的大气恢弘

1. "白鸽"成长史

童年时代：在幸福和健康中成长

1952年8月25日正午时分，江西莲花县委大院里响起一阵嘹亮而中气十足的婴儿啼哭声。这哭声来自县委书记赵拨轮家，妻子郑立新刚刚诞下他们的第三个孩子。这是一个女孩儿，她奋力啼哭，向世界宣示自己的到来。

看着女婴饱满的额头和面颊，还有淡粉色的眉毛和花蕊般的嘴唇，接生阿姨赞道："这孩子天庭饱满，面相端正，中气十足，将来必有大出息，会做大官呀！"

那一年，抗美援朝打得正激烈，院子里的孩子不叫援朝就叫和平，赵拨轮毕竟是有文化的革命干部，给女儿起了一个既温婉可爱又应时应景的名字——赵白鸽。白鸽，通体洁白，温顺美丽，用来描绘女孩子再合适不过；白鸽又称和平鸽，寓意着新中国渴望和平的美好愿望，为和平而战的勇敢无畏。一个名字，家国情怀，刚柔相济。

赵白鸽的童年记忆中，是满满的幸福阳光。出生后不久，父亲赵拨轮调任吉安地委书记处书记。像那个时代所有的革命干部家庭一样，赵家家风严谨，精神风貌积极向上，甚至有一种军营式的严格和朴素。

孩子们年满三岁即进入井冈山保育院寄宿。周末晚上回到家，那顿晚餐也是孩子们的学习生活汇报会。父亲主持会议并逐一点评，总结成绩，指出问题，指明努力方向。

进入小学后，赵家的女孩子们在父亲要求下，一律剪短发，从不穿花衣裳更不擦脂抹粉，父亲完全按照那个年代的审美情趣塑造着女儿们。小姑娘赵白鸽在家洗衣做饭，在外爬墙上树，在学校和男孩子打架斗狠，每到暑假还必须去农村参加劳动，勤劳勇敢又泼辣，全然没有女孩子的娇柔婉约。很多年后，赵白鸽回忆到这些，总是连连感叹，幸亏有当年"假小子"的泼辣劲垫底儿，才让她撑过了人生中的种种磨砺。

父母不仅塑造了赵白鸽坚韧的精神气质，还通过言传身教，给予她勤奋敬业的职业操守和悲天悯人的家国情怀。整个童年时代，父亲在赵白鸽眼里都是一个亲近又遥远的影子。他不苟言笑，对工作永远充满责任心。1962年吉安遭遇特大洪水，父亲在大堤上带领群众抗洪抢险，几天几夜不下堤坝，直至引发阑尾炎穿孔导致急性腹膜炎，等送到医院，已是命悬一线。在医生的全力抢救下，才保住了性命。父亲被推出手术室时那苍白的面庞永远留在了赵白鸽的记忆里，始终鞭策她在工作中追求完美，忘我投入。

还有一件小事影响了赵白鸽一生的为官之道。因为是地委大院的孩子头,父母看中她的高涨人气,让她管理弟妹,包括督促大家做功课。时间一长,她竟滋长了霸气,常常在小事上压弟妹一头,比如分糖果时要求弟妹给她"进贡"。有一次,她的钢笔套坏了,竟强索四妹的好笔套。四妹忍无可忍,向父亲告发。父亲集合所有家庭成员开会,严厉批评了白鸽的损人利己行为,并按照家规打了她三大板子。疼在屁股上,父亲的话却刻在了小白鸽的心上:"权力是授予你的责任,而不是用来欺压弱者的工具。"

母亲郑立新则用另一种方式塑造着小白鸽的世界观。母亲任吉安卫生处处长时,一个深夜,本单位司机的妻子即将临盆,来到赵家求助。郑立新立即组织院内医务人员紧急抢救,最终婴儿落地,母子平安。这件事,让赵白鸽记了一辈子,沉淀在心灵深处,让她后来在推行人道事业的道路上走了很远很远。

在吉安师范附属小学,赵白鸽度过了幸福的童年时代。她是班长,还是学校的中队长,在同学中一呼百应,威信颇高,早早即显露出组织领导的天分。她曾经的小学班主任龙莲仙这样评价她:"赵白鸽十分聪明,却不是传统意义上的乖学生,比如我就曾因为她上课说话做小动作而体罚她,但不得不说,这并没有影响她的成绩,她总能在考试中名列前茅。她的智力、精力明显优于一般孩子。"

父亲的严格家教和老师的严格管理让干部家庭出身的赵白鸽不仅没有一点骄傲之气，反倒有一种平和心态和吃苦耐劳的精神，这些对她未来的职业生涯影响深远。

少女时代：在磨砺中成长

1965年，赵白鸽以出色的成绩考入江西省重点中学——吉安一中。这所百年老校安静地坐落在赣江畔，它校风淳朴，大气包容，张开臂膀拥抱了赵白鸽的少年时代。在那里，赵白鸽是班长，继续扮演着学霸和学生领袖的角色。她特别喜欢班主任刘最清老师，刘老师熟读唐诗宋词《四书》《五经》，上知天文下知地理，通古博今。赵白鸽最喜欢听他讲历史，在刘老师的娓娓讲述中，为国家为民族而奋斗终生的理想，在这个少女的心里扎下了根。

然而，美好的时光转瞬即逝，1966年，"文革"的飓风席卷中国大地，小小吉安也在所难免。学校停课了，老师们接连被打倒，刘最清也被揪斗，罪名是传播资产阶级人性论，与阶级斗争理论分庭抗礼。时年15岁的赵白鸽脑袋懵懂，只知道跟着大伙儿一块"破四旧"，批斗"黑五类"，抄资本家的家，并且认为这才是听毛主席的话，跟党走。她甚至还跟着高年级学生踏上大串联的征途，奔赴延安，登上井冈山，直至来到天安门城楼下,接受伟大领袖的检阅。青春飞扬,激情燃烧,赵白鸽真诚地以为自己赶上了最伟大的时代。

然而,晴天霹雳令人猝不及防。赵白鸽回到吉安不久,父母就被双双打倒。一次次抄家,一次次羞辱,赵白鸽陪同被关押在井冈山上的父亲一起挨过了一场又一场的批斗。

井冈山上的冬夜格外寒冷,受尽歧视的女孩蜷缩在寒冷潮湿的被窝里仰望寒星,心里一次次呼唤:"毛主席啊毛主席,爸爸妈妈都是好人,为什么却被整得这么苦?我一直听从您的教导,好好学习,天天向上,为什么却被说成是修正主义黑苗子?"

天地苍茫,星月无光。她哪里知道,人生更汹涌的风浪还在后面。

1968年,"黑五类"子女赵白鸽被下放到江西省万安县韶口公社最偏远的小村子——头狮村。中华人民共和国成立前,提到"头狮村",无人不知,无人不晓——村子里的人曾因血吸虫病而几乎灭绝。中华人民共和国成立后,人民政府根治了血吸虫病,才有人陆续从外地迁来,村子里又渐渐升起炊烟。虽然消灭了要人命的病害,顽固的贫穷却依旧盘踞不去。

家境优渥的赵白鸽到农村的第一关是人类最低层的需求:生存。从前,父母要求再严格,学校纪律再严明,可吃穿总不用操心。现在,一口水一粒米一寸布都要自己谋求。种田、养猪、砍柴，都是摆在赵白鸽面前的一道道坎，那一年，她年仅16岁。好在赵家近乎严苛的家风锻造了她特别能吃苦、特别能忍耐的特质，当其他下放青年还在怨天尤人、哭天抹泪时，她已经扛起锄头上山下地了。她不肯屈服于命运，告诉自己即便是在这样荒芜的地方，她的生命仍然要倔强地生长。

中国20世纪六七十年代的农民是世界上最淳朴善良的一群人，他们相信自己的眼睛。村民们寻思：这个城里来的大干部家的女娃娃，长着一张圆润饱满的脸蛋和一双扑闪闪的大眼睛，白净好看，还有文化，跑到这山沟沟里遭罪，却不怨天不怨地，跟咱村里娃娃一样能吃苦，这就是实在的好孩子呀！管他爹妈犯了啥错，孩子有啥错？咱应该帮衬她呀。

于是，作为那个特殊时代受尽白眼的走资派子女赵白鸽却得到了老乡们真诚的帮助，她不会忘记教她上山砍柴的郭义秀小妹，也永远不会忘记给她送来蔬菜和豆腐乳的村民郭宏山。农村的艰苦历练，使她成为一位自食其力的劳动者。

日月更迭，春去秋来，手掌上的血泡化作层层硬茧，赵白鸽强壮了体魄，更坚定了意志，十几岁的女孩子抛弃了虚幻的梦想和憧憬，心中只有不屈不挠的抗争，抗争生活，抗争命运，她在苦难中迅速成长起来。

整整四年的农村生活，对塑造赵白鸽的世界观、人生观和价值观起到了决定性作用。在中国最穷最苦的地方，她真正知道了什么是底层农民，什么是民生疾苦，这对她未来的从政生涯影响深远。

1972年，中国恢复大学招生制度，千千万万被耽误的青年看到了希望的曙光，赵白鸽也终于迎来了命运的一次重大转折。那些早已视她为己出的可爱乡亲们一致推荐她去江西医学院上大学，她成为那个时代年轻人最羡慕的一名工农兵学员。

那一年，赵白鸽20岁。

青年时代：理想起航

可以想象，一名被迫中断学习长达四年的好学生，一个背负着"走资派狗崽子"十字架的插队知青，对这次学习机会有多么珍视。尽管那时的大学里充斥着政治运动，"开门办学""大批判""下厂下乡"，名目繁多的"革命教育"没完没了，可都挡不住赵白鸽对知识如饥似渴的追求。

接下来的"批林批孔"运动，一会儿批孔老二、批宋江，一会儿批儒家、批中庸之道，年轻姑娘的脑子都乱了，她心里的问号越来越多，她开始学着独立思考，冷静分析。这一思考随着1976年1月周恩来总理逝世而出现的"天安门事件"越发深入。她和全国人民一样，怒火在心中熊熊燃烧，等待着那"扬眉剑出鞘"的一刻。

终于，十月里响春雷，八亿神州举金杯！"四人帮"垮台，十年动乱终结，这个古老的历经沧桑的国家终于回到了正轨。

1978年，中国恢复研究生招生制度，此时，已经从江西医学院毕业的赵白鸽留校工作。命运再次垂青这个有准备的好姑娘，她成功考入哈尔滨医科大学，师从全国著名的内分泌学家、美国耶鲁大学毕业的程治平教授，开始攻读硕士学位。从此，她的人生开始驶入成功的快车道。

1981年，赵白鸽研究生毕业，被分配到隶属于上海科学院的上海市计划生育科研所工作。29岁的赵白鸽和重获新生的共和国一样，浑身上下充满着为祖国早日实现"四个现代化"而拼命工作的激情。那时，中国急需对生殖健康科学的研究，她和同事夜以继日地工作，终于全面建立起远东最大的生殖健康研究机构和产品体系，为广大妇女在生殖健康领域的知情选择奠定了科学的基础。

卓越的成绩伴随着耀眼的荣誉，1983年，赵白鸽当选全国青联委员，赴京开会期间，受到中央领导接见。1984年，赵白鸽被选为上海市青联委员、市青联副秘书长。从此，赵白鸽在中国计划生育与生殖健康科学领域声名鹊起。

那一年，赵白鸽32岁。

1985年,赵白鸽考入英国剑桥大学,攻读生物医学博士学位。在众人艳羡的目光中,她登上了飞往大西洋彼岸的飞机。外人看到的只是她的风光,却不知她心头承受的巨大压力:离开不满两岁的儿子和聚少离多的丈夫,她承担着家庭的责任;获得国家给予的出国学习机会和巨额奖学金,她承担着巨大的国家责任。她暗暗发誓:一定要使劲学,拼命学,一定要对得起祖国!

英伦的风和煦潮湿,空气中氤氲着来自英吉利海峡的气息。那是一段紧张却又愉悦的求学生活。赵白鸽跟踪国际神经内分泌学研究领域中最前沿的研究项目,较系统地进行了"脑阿片肽对下丘脑机能的调控"研究,在《神经内分泌》《脑研究》《生理学杂志》等国际学术刊物上发表论文和摘要14篇,并参加了国际学术会议的交流,她本人还

赵白鸽获得博士学位照片

多次受邀赴美国、英国、德国等有关大学和机构讲学。国外专家们无不折服于这个来自中国的知识女性的睿智。显然，赵白鸽的一只脚已经踏进了其专业的国际顶级殿堂。

在世界顶尖大师的麾下，赵白鸽如饥似渴地钻研。剑桥教给了她严密的逻辑思维和开阔的创新思维，训练出她全球化的眼光，也树立了她走向世界的信心。

3年异国求学生涯一晃而过。1988年11月下旬的某一天，英国剑桥的某个小会议室里，留着利落短发的赵白鸽以一口流利纯正的英语，面对几位国际顶级大师的提问侃侃而谈。赵白鸽从容不迫，落落大方，始终面带微笑。最终，她以优异的成绩顺利通过论文答辩，戴上了那顶世人仰慕的剑桥博士帽。

获得剑桥博士学位意味着赵白鸽已经进入国际顶尖级人才行列。赵白鸽想到离开上海时对祖国的承诺，想到祖国对自己的培养，"知恩图报，善莫大焉"，她选择了回国。

1989年，这只白鸽扑闪着已经丰满的羽翼，飞跃大西洋，回到了日夜思念的故国家乡。

2. 让中国的生殖健康研究走向世界

祖国张开怀抱热烈欢迎白鸽回家，赵白鸽很快被任命为上海市计划生育科研所的副所长。那一年，她37岁，正是年富力强的好时候。赵白鸽继续全力以赴钻研自己的专业，她不仅在原来的研究领域取得了重要进展，而且开辟了新的研究课题。这期间，她在《避孕》《生理学报》《动物学报》等国际和国家级刊物上发表多篇论文，并作为博士生导师承担了培养博士生的工作。

作为一所之长，赵白鸽带领团队取得了一大批科研成果，如研发出抗早孕药米司非酮、米索前列醇及长效皮下埋植剂等，并实现了产业化。这些避孕的药物和技术手段在20多年后的今天依旧被人们广泛应用着，更使当时的上海市计划生育科研所成为远东最有影响力的人类生殖研究中心。

更令人惊喜的是，这个年轻的专家型干部开始展露她的管理才华。这个拥有270多人的全国计划生育重点科研单位，在赵白鸽的领导下，井井有条，焕发出勃勃生机，成为联合国世界卫生组织合作中心、国家级避孕药具重点实验室。

那段时间，赵白鸽还有一个工作重点，就是如何发挥好党和知识分子之间桥梁纽带的作用。她那个时期的同事这样评价她当时的工作："她受党教育多年，加上革命家庭的熏陶，政治觉悟很高。五年农村生活的艰苦历练和'文革'的磨砺，又使她多了一份特别沉重的责任感，她本身就是个专家，所以对知识分子十分熟悉和了解，这些条件加起来，使她在知识分子、科技工作者中威信极高，赵白鸽成为党和广大知识分子间联系的桥梁。"

1991年，赵白鸽晋升为研究员，此时的她在国内外人口、计划生育与生殖健康领域已是学术带头人。1992年，她应邀赴美国做访问学者，专门研究"血管活性肽对垂体后叶机能影响"，其间，她被选为美国纽约科学院会员。正在不断取得科研成果时，她接到了来自祖国的越洋电话：作为一名优秀的科技工作者和管理者，她被选为中国共产党第十四次全国代表大会的代表。

那一年，赵白鸽40岁。

1992年10月，身穿藏蓝色西服套裙，内衬姜黄色大翻领衬衫的赵白鸽走进了庄严的人民大会堂。在上海团讨论会上，她就教育、科技和人才培养等问题发表了她的看法。她的发言具有广阔的全球视野、专业化的精准思考、全球化的立场，立刻成为媒体关注的焦点，连参加上海分组讨论的时任党的总书记、国家主席江泽民同志也连连点头，不断在笔记本上记录。

1995年至1998年，赵白鸽出任国家科学技术委员会生命科学技术发展中心（美国）主任。这项工作的主要任务是致力于开拓海外智力资源和技术资源，组建海外专家委员会，把中国的生物和医药科技推向全世界，争取话语权。她与海外专家委员会一道在中国率先引入新药研发的国际标准规范及程序，帮助和选定了一批中国医药企业走出国门，走向世界，为中国新药产业发展做出了贡献。她还积极推进中医药的现代化、国际化，把治疗心血管疾病药物丹参滴丸和银杏灵、抗肿瘤药物威麦宁等重要产品推进美国FDA评审，并推动了中医药进入国际市场。

随着赵白鸽在生物医药领域的成就越发令人瞩目，国家计划生育委员会主要领导的目光牢牢地锁定了这位外表端庄大气、娴雅知性，干起工作来勤勉高效的知识女性。

3. 女司长的三大"国家工程"

中国从1978年起将计划生育定为基本国策后，国家计生委一直承受着巨大压力。实行了十几年的计划生育政策在成功实现控制人口的同时，也面临越来越多的难题，如人口综合素质问题、民众抵触情绪问题、国际舆论问题等，可谓困难重重。国家计生委急需像赵白鸽这样年富力强、精专业、懂管理且具备优秀国际沟通能力的全方位综合性人才。

1998年7月，经公开选拔、竞争上岗，赵白鸽脱颖而出，走马上任国家计生委科技司司长。

上任伊始，领导找赵白鸽谈话，跟她谈到人口和计划生育在国家层面存在的诸多问题和难点，并对她提出殷切希望。赵白鸽在笔记本上认真记录，不断思考，一次次造访一线，走向基层实地调研，最终形成了针对性极强的中国计生工作三项"国家工程"。

工程一：避孕节育优质服务工程，即知情选择避孕方法。赵白鸽主张一定要让妇女在自己的计划生育大事上有知情权，有选择权。这一过程不仅要以人为本，对人尊重和呵护，同时形成系列科技成果供广大民众进行选择。这一"以人为本"的概念早在2000年即被提出来，给中国的计划生育工作吹来了一股新风。

工程二：出生缺陷干预工程，提高新生儿综合素质。这个工程是在2000年左右开始实施的，当时中国计划生育工作的主要精力还放在控制人口数量上。如何综合思考人口数量和质量间的平衡，特别是如何提高新生代的素质，成为工程二的重要目的。面对我国6000万（2000年数据）的残疾人口，面对每年各种原因导致的出生缺陷人口的不断增加，赵白鸽认为国家兴旺的关键是人力资源的竞争，初生儿综合素质的优劣对人力资源的质量有重要影响，中国绝不能输在起跑线上。

于是，在赵白鸽的积极推动下，国家计生委出台了有关出生缺陷的三级预防保护措施。一级预防是以宣传教育为主，将优生优育的知识传播给大众。二级预防以孕前干预为切入点，要求准备生育的育龄妇女须在孕前及早孕期连续补充三个月的复合营养素，即叶酸，以预防婴儿神经管缺陷。该病是中国当时出生发病率最高的先天性缺陷疾病，给许多家庭带来了巨大的痛苦，也给全社会带来了压力。自从国家计生委开始政策性给孕前孕中妇女补充叶酸，中国新生儿神经管缺陷症发病率大幅下降。三级预防还以孕期干预为重点防范，通过各种筛查技术，排查出有问题的胎儿，减少先天残疾胎儿的出现，避免家庭不幸和社会负担。

出生三级干预工程从孕前到孕中直至婴儿出生后，全程干预监控，极大地提升了中国新生儿的综合素质，这是中国第一次把提高人口素质的工作提前到了孕育及出生这第一关口。赵白鸽是提出和实现群体预防的重要实践者和组织者，中国从此开始了声势浩大、旷日持久的人口出生干预工程。2009年，中国再启动重大公共卫生项目，开始全面免费为农村妇女补充叶酸，此工程由此演变为国家重大卫生健康工程。

工程三：预防妇女生殖道感染工程。赵白鸽认为在履行国家计划生育责任的同时，必须关注妇女的健康问题，如生殖系统疾病的治疗和保健。计划生育的管理体系完全掌握了片区内妇女的生育信息，完全可能做到服务先行，寓管理于服务之中。此项工程的实施，拓展了计划生育工作的服务范围，为广大妇女带来了福音。

中国适时全面放开二孩政策，赵白鸽是积极的研究者和实践者。早在2004年，赵白鸽参与了计生委关于人口发展研究的课题，通过对中国人口发展趋势的反复研究，预见到独生子女政策在经历一代人后，中国必将进入老龄化社会，届时，中国必因新生劳动力匮乏而导致发展乏力。于是，她积极对中国人口发展趋势，尤其2050年后的状况进行精准测算，建议国家在独生子女政策实施30年后进行政策转型，尽快转入二孩政策。此项研究得到国家高度重视和支持，并对后来的人口政策变化产生影响。

2015年10月29日，党的中共十八届五中全会决定，坚持计划生育的基本国策，完善人口发展战略，全面实施一对夫妇可生育两个孩子政策，积极开展应对人口老龄化行动。至此，在中国执行了37年的独生子女政策终于完成了阶段性目标，就此落幕。

4. 让世界了解中国

赵白鸽在国家卫计委干了整整15年，历任科技司司长、国际合作司司长、计生委副主任、党组副书记，组织上对她那一时期的鉴定这样写道："她具有良好的理论水平、较强的把握全局的能力和强烈的改革创新意识，注重前瞻性地研究国际国内形势的发展和变化，积极推动人口计生工作的转型与发展。她认真践行科学发展观，鲜明提出并广泛倡导人是发展的主体，人口问题是最大的发展问题，与经济、政治、社会、文化和生态发展密切相关，在全面协调可持续的科学发展中应放在十分重要的位置上。她准确地认识到世情、国情、民情的变化，提出在改革开放、市场经济和低生育水平下人口计生工作必须向统筹解决和综合治理方向积极转变；她在党委组织领导下，与班子其他成员共同推动人口计生工作的综合改革，探索建立统筹解决人口问题的长效工作机制和以人为本的优质服务工作思路，促进了人口计生工作的服务理念、服务能力和服务模式的发展；她积极提倡和推进人口计生网络的发展与转型，打造深入社区和家庭的，面向全人群和生命全过程的，开放式、普惠性及综合性的社会管理与公共服务平台，为实现基本公共服务均等化贡献力量。这些工作理念和实践对新时期人口计生事业的持续健康发展起到了重要的推动作用。"

2003年赵白鸽被任命为国家人口计生委副主任，步入国家高级领导干部的行列。在一段时间里，计划生育政策始终是国际上个别组织诟病中国政府的焦点之一。赵白鸽用自己的知识和热情积极推动了中国人口和计划生育工作的改革。

在国家计生委工作期间，赵白鸽还担任了诸多国际职务，包括国际计生联中央执行委员会执委、亚太地区执行委员会司库、国际家庭联盟亚太地区副主席。曾经在英美顶级名校多年游学的经历，使她对西方文化有较深刻的理解和认识，加上她身上特有的东方文化的含蓄隽永，在许多外国友人眼里，赵白鸽身上有一种特别迷人的气质，他们愿意亲近她信任她，愿意与她共同从事有意义的事业；在人口计生系统，赵白鸽被认为具备坚定的政治信念和娴熟的外交技巧，是推动和开展人口发展与计划生育领域的国际合作交流的最佳人选。

赵白鸽确实不辱使命。她注重统筹国内国外两个大局，积极发挥中国在人口发展国际事务中的地位和作用。在她的直接推动下，中国先后组织召开了国际人口与发展论坛、世界家庭峰会、国际人口与发展国际研讨会。会议相关文件被联合国采纳并作为重要文件予以传播，形成广泛影响。她积极推动人口领域的南南合作，采取"请进来、走出去"的战略，针对发展中国家举行了多期部长级国际人口与发展高官研修班，树立了中国负责任人口大国的良好形象。她不断拓宽人口领域的南北合作与对话，先后成功地组织接待了英国议会代表团、美国国务院代表团，以及丹麦、日本、加拿大、德国、挪威等国家代表团，多次出访并在欧盟、英国、法国、德国、荷兰等国议会发表演讲，展现了我国在经济、社会和人口发展方面取得的长足进步，促进了西方社会对我国人口和计划生育工作的了解。

蓝迪国际智库掌门人——赵白鸽

事实上，赵白鸽不仅仅是一个最佳的对外解释者，她还以强大到不可思议的组织协调能力，广泛争取国际组织和国内各部门对人口和计划生育工作的支持。联合国人口基金、日本国际协力机构等国际组织都因她的积极奔走而对华援助，在中国多个县（市、区）开展项目试点，并通过国际合作项目开展国际宣传、动员国际资源、引入国际理念、建立模型和拓展推广，提升国内工作水平。

因为那段下放农村的经历，赵白鸽身上烙下了深深的平民印记,她无论身居何位,都对基层民众饱含深厚情谊。在国家计生委工作时,她最常去的地方是偏远农村,她总是关心着那里群众的需求,并以他们的需求作为工作的出发点和落脚点。当看到农村公共服务能力严重不足时,她心急如焚,倡导和推动了"新农村新家庭计划"。特别是在对西部地区充分调研的基础上,为促进基本公共服务均等化,倡导、策划和组织了"大香格里拉地区人口健康促进计划"项目。这个项目使广大藏区群众受益,使千千万万个家庭受益。

2011年6月21日,新浪微博上一个名叫"郭美美baby"的网友引起社会关注,这个自称"住大别墅,开玛莎拉蒂"的20岁女孩,居然声称是"中国红十字会商业总经理"。中国红会被郭美美裹挟上了舆论的风口浪尖。

根据警方的调查和郭美美本人供述,她以及她的资金来源都与中国红十字会没有半分关系;红会也做出严正声明,郭美美与红会没有任何关系,其炫耀的财富与红会、公众捐款及项目资金没有任何关系。然而,人们并不相信这个调查结果。中国红会面临史无前例的信任危机。

一个年轻的爱慕虚荣的小女孩用子虚乌有的身份挑战一家百年老店,这其中的原因何在?为何人们选择性地相信不实的消息?如何让中国红十字会恢复声誉?

组织上再次选择了正在国家人口计生委干得风生水起的赵白鸽。郭美美炫富事件发生仅4个月后,赵白鸽接到调令,走马上任中国红会常务副会长。

上任伊始,赵白鸽抓的第一项工作就是增加红会工作的透明性,她认为,所有的不信任,所有的猜疑都来自透明度不够。她着手完善评估机制,积极推进问责机制,以刮骨疗毒、壮士断腕的勇气和魄力,发誓让红会凤凰涅槃。她在会上公开表示:"红会作为法定的人道组织,获得了国家和社会如此多的资源,理应承担法律赋予的责任。"她甚至立下了"军令状":"如果两至三年红会依然反转不了人们的看法,我自动请求辞去红会常务副会长职务!"

赵白鸽还对媒体表示:"我有信心在这种艰难的情况下勇往前行,所以我们也特别呼吁整个社会给予红会关心和支持。"

一句话道出了她坚韧强大的内心,体现出她应对危机时超强的公关能力。

接下来,赵白鸽在红会展开了相关的改革工作,以增加透明度。人们发现,赵白鸽没有食言,红会开始全程向社会公开公众捐赠款物的接受和使用情况,做到过程透明,结果清晰。同时,红会通过严格的社会监督、法律监督和自律,确保每一笔资金用到实处。

中国红会面向社会越来越开放，越来越透明。

赵白鸽在中国红会任职三年，2014年9月2日，她正式卸任时，交出了这样一份成绩单：2013年4月20日，芦山地震，中国红会累计募集款物共计12亿元人民币，占全国社会捐赠总量40%，居全国之首。2014年8月3日，云南鲁甸地震，中国红会系统接受捐赠总量再次位居全国之首；截至2014年8月28日，接受捐赠款物总额为3.75亿元人民币。这些数据说明了正义的力量，表明任何人都不能阻止人们对人道事业的支持，正义的力量必然会成为主流。

2014年9月，赵白鸽卸任红会常务副会长时，近百万条的网友留言清楚地表达了民意："这三年您辛苦了"，"这三年您委屈了"，"这三年您对红会功不可没"……赵白鸽却笑得云淡风轻："我没觉得委屈，三年来，我得到了大家非常大的帮助和支持。非常感谢老百姓对红十字人道工作的支持和参与，这是一份沉甸甸的爱，红会一定会继续把这份爱转化为对大众的爱！"

5. 中国人道事业的开拓者和实践者

赵白鸽将人道和人道法的传播作为她在红会工作的主业。这份主业主要分三步走。

一是努力营造红十字人道事业的发展环境。她推动国务院出台《关于促进红十字事业发展的意见》，促成《红十字法》修改被列为《十二届全国人大常委会立法规划》一类立法项目，积极主动对接媒体，广泛宣传红十字会工作。这下子，红会既有政府站台，又有法律撑腰，还有媒体造势，人道事业的发展在中国生机盎然。

二是全面推开"三救三献"（救援、救护和救助及献血、捐献干细胞和捐赠器官）核心业务。不论是在芦山地震、和田地震、鲁甸地震、"威马逊"台风降临时，还是在菲律宾"海燕"台风、缅甸北部冲突、阿富汗局部冲突发生时，赵白鸽始终带领中国红会奋战在应急救援、应急救护、人道救助的第一线，让中国红十字人道事业的旗帜在国际国内高高飘扬，让越来越多的人了解中国红会的人道事业，越来越多的人参与了人道事业。

三是积极参与全球人道领域的救援工作，她曾到饱经战乱的阿富汗，走进1975年在周恩来总理直接关心下中国给阿富汗援建的坎大哈医院。那里到处是因战争而缺胳膊少腿的伤者。空气中充斥着血腥的气息和痛苦的吼叫呻吟。这所医院是当地500万左右居民唯一的一家综合性医院，自中国援建开始，每年都能得到国际红十字会的支持经费和培训，是当地人在战争冲突中维护生命尊严的最后防线。

也许，赵白鸽就是在阿富汗坎大哈医院理解了人道主义的意义，并从此不遗余力地传播这一概念。在此之前，许多人对红会提倡的人道主义的理解仅停留在单一的慈善认识上，认为人道主义就是捐点钱帮助贫苦的人。赵白鸽认为这当然也是人道主义的一部分，但对生命的挽救和对生命的尊重是更加重要的一部分，这是一种主张超越人种、国家、宗教等所有的差别，承认人人平等的人格，互相尊重，互相扶助，以谋人类全体之安宁幸福为理想的主义。红十字运动一直遵循人道主义，致力于减轻人类的苦难，保护人的生命和健康，并维护人的尊严。越来越多的人开始接受这样的人道主义观念。

2012年初，缅甸内战大爆发，大批难民涌入中缅边境的云南。中国红会赶赴边境，走访一个一个难民营。在由塑料布和竹板勉强搭建起来的简陋棚子里，看到无助的妇女儿童绝望地生活在冲突、瘟疫和疾病的威胁中，赵白鸽被震撼了。为人妻为人母，她深切地感受到难民的痛苦。她马上召集执委会，研究决定提供卫生箱，以救助数以万计的难民家庭，卫生箱中有难民营急需的各种药品，如治疗痢疾、疟疾、感冒、咳嗽的药物，和用于消毒、增强体能的药物，还有灾区常用的防疫类药物等。当那些救援物资抵达时，那些饱经战乱蹂躏的难民的脸上露出了久违的笑容。尤其是难民营的儿童们,这份来自中国的礼物在他们幼小的心灵留下难以磨灭的印记,给他们因战乱而颠沛流离的童年留下一抹温暖的记忆。

2013年11月12日,超强台风"海燕"重创菲律宾,死亡人数上升到4460人,灾民人数达上千万。赵白鸽第一时间赶赴受灾现场——菲律宾的塔克拉班。那里到处是流离失所的妇女儿童,她们没有食品,没有住处,也没有衣物,只能彼此依偎着,蜷缩在台风过后一片狼藉的难民营里。

当时阿基诺三世政府正因黄岩岛问题跟中国对立,这个特殊时期,中国是否应该向菲律宾灾民实施人道主义救援,国内民众确实有反对声音,但赵白鸽认为,真正的人道主义是超越国界超越种族的,必须注重人的生命安全和尊严。

于是,中国红会组织的救援队带着医药、物资和博爱,远涉重洋奔赴塔克拉班。两个月后,大片整齐实用的临时学校和居民避难所建成,流离失所的人们终于有了固定的居所。中国红会成为菲律宾"海燕"台风救援的典范。

那些年,为了宣传人道,实施人道,赵白鸽走访了阿富汗、巴基斯坦、缅甸、菲律宾,走过了广袤的非洲草原,把人道精神的种子播撒到世界各地。赵白鸽就如她的名字一般,为人们带去和平,带去爱的光辉。

红会三年,赵白鸽在国际红十字运动中备受赞许,2013年她高票当选为国际红十字与红新月国际联合会副主席,这当然不仅是她个人被认同,更是中国在世界人道主义领域所做工作被认同。中国以负责任大国的形象站在了世人面前。

6."一带一路"践行者

2014年,赵白鸽已进入耳顺之年,62岁的她选择了以全国人大外事委副主任的身份投身于一项注定改变世界的伟大事业——"一带一路"中。

她认识到,全球充满了失序,不平衡发展,世界正渴望更加公正的国际秩序:一个更符合对等与互惠原则的国际治理与经济模式,一个更尊重多元化的全球公共领域,一个更能够统筹全球大多数国家可持续发展、更能够体现休戚与共及"和而不同"理念的全球秩序。而中国提出的"一带一路"倡议,对优化全球治理和促进世界经济增长具有极其重要意义,将实现新型全球化,实现中国与世界各国发展战略对接。来自中国的"一带一路"似一盏明灯,照亮了暗夜中的大海,为世界开辟了突围的通道。

这是一个让世界为之一振的伟大构想,也是让赵白鸽热血沸腾的伟大事业。在她看来,"一带一路"是新型全球化的重要载体,是世界发展的趋势和挑战,更是中国参与21世纪世界秩序重构的重要机遇。她知道,这项伟大的事业既需要理论创新,更需要实践创新。

2015年4月,中国社会科学院牵头设立了蓝迪国际智库领导小组,赵白鸽出任副组长、专家委员会主席,并根据国家的总体战略,启动了"一带一路""中巴(巴基斯坦)经济走廊""中伊(伊朗)经济走廊""中哈(哈萨克斯坦)经济走廊"和中印尼("海上丝绸之路")的相关工作。

从此,这位以家国天下为己任的蓝迪国际智库掌门人,踏上了新征程。经过两年多的实践,形成统筹智库组织、企业与行业联盟的超级平台,创造性地做出了三大系列工作。

首先是发挥智库功能,积极咨政建言。这项工作需要建立一个庞大的、高效的、意见领袖的专家团队,赵白鸽独具个性的人格魅力很快就吸引了一大批外交与国际政治、法律政策、可持续发展、宏观经济、金融、企业管理、社会民生、历史文化等领域的国内外顶尖专家加盟。

大咖云集的蓝迪,意见碰撞,火花闪烁,使智库充分发挥出咨政建言、理论创新、舆论引导、社会服务、公共外交等重要功能。赵白鸽认为，智库的建言咨政必须坚持国内外资源联动的原则，必须坚持需求导向、项目导向、结果导向。在她的主导下，蓝迪建立了高层交往、智库研讨、能力建设和专题研究机制，就"一带一路"建设、国际人道主义事务、国际多双边合作等重大课题提出政策建议，并多次得到中央和地方主要领导批示。这一条条关乎国家发展、寄予了蓝迪人"中国梦"的建言，无不饱含着赵白鸽的拳拳赤子之心。

其次是服务"一带一路"，促进务实合作。赵白鸽认为，作为世界第二大经济体和最大的发展中国家，中国倡议"一带一路"，同沿线各国分享中国发展机遇，实现共同繁荣，意在参与完善国际政治经济秩序的过程中做出更大贡献。因此，着眼重点、节点国家和地区开展国际对接是蓝迪必须落实的一项首要任务。

凭借着多年来对各国政治和中西文化的理解，以及一口流利纯正的英语，赵白鸽奔走列国，以她的真诚、热情和无私展示中国的满满诚意，不仅感动了外国友人，也激励感动了身边的战友。2015年4月15日，赵白鸽和巴基斯坦参议员、国防委员会主席穆沙希德·侯赛因·萨义德飞往海口市，和大家围绕"一带一路"建设和"中巴经济走廊"建设，进行了三天的深入讨论，形成诸多共识。

2015年5月31日，赵白鸽又飞抵巴基斯坦访问，友好会晤了巴基斯坦总理谢里夫，双方就开展更大范围、更高水平、更深层次的区域合作，共同打造开放、包容、均衡、普惠的区域合作架构进行了会谈。

"中巴经济走廊"是"一带一路"建设的旗舰项目，北起新疆喀什，南至巴基斯坦瓜达尔港，绵延约3000千米。"中巴经济走廊"被誉为改变命运、实现梦想的"世纪机遇"。早期已有项目主要集中在能源、交通基础设施、工业园区和瓜达尔港四大领域，赵白鸽志在通过蓝迪国际智库拓展走廊合作项目，逐渐涵盖农业、金融、旅游、减贫、文化交流等方面，全面开启中巴合作新模式。为抓好"中巴经济走廊"建设的推动工作，建立了以中巴双方领导参与的共同主席制度，成立了中巴专家委员会，建立了工作会商机制。

为组织"丝绸之路经济带新疆克拉玛依论坛"，赵白鸽六进新疆，促成了蓝迪国际智库与巴基斯坦、伊朗、哈萨克斯坦、印度尼西亚等国召开国际合作研讨会，促进了经贸往来和民心相通。2015年，克拉玛依论坛共签署总价值为103.5亿元人民币的合作备忘录，2016年该论坛再次签署总价值为625.79亿人民币的合作备忘录，表达了企业参与"一带一路"的意愿和热情，体现了论坛与日俱增的强大影响。

蓝迪国际智库还形成了以法律服务、政策研究、技术标准、信息服务、金融支持、文化与品牌、能力建设等七大服务组为主题的服务平台，组织了各相关领域的研修班和研讨会，为企业"走出去"提供务实的平台和网络服务。

为提升中国的国际话语权，蓝迪国际智库多次组织召开人道与发展领域的高端国际会议，在若干全球治理及发展领域的国际大会上，赵白鸽屡次发表主旨演讲，发出"中国声音"，有效提升了中国软实力。

掌门人赵白鸽认为，智库不仅要建言献策，更要扎扎实实支持中国企业大踏步"走出去"。蓝迪国际智库通过专业服务组，积极推动政府、企业和行业资源，带领企业抱团出海，打造出中国企业走向世界的航母级平台。

蓝迪国际智库建立了完善的企业合作体系，整合了包括能源、制造、信息、物流、金融、基础设施、农林牧渔、食品、医药、房地产、纺织、矿业、园区等众多行业骨干企业或机构团队，截至2016年12月，已经有282家企业和机构凝聚在了蓝迪平台。国有、民营、混合型企业都在蓝迪找到了最好最大的舞台。

高效、务实始终是蓝迪国际智库的追求和自我定位。蓝迪国际智库以旗舰项目——"中巴经济走廊"为切入点，不断扩大区域合作，连接中蒙俄、新亚欧大陆、中国—中亚—西亚、中国—中南半岛、中巴、孟中印缅六大经济走廊，紧紧抓住六大经济走廊在政治、经济、社会和文化领域的影响，以项目驱动的形式推动实质合作。

蓝迪国际智库的成绩引起世界的关注。2016年8月，欧洲对外关系委员会发布《分析中国——中国兴起百家智库》，报告指出："蓝迪国际智库为企业对外投资提供了咨询以及国际交流的机会，并且蓝迪也与多国开启了合作。其中欧洲的研究机构也相继加入合作中。目前，蓝迪国际智库已拥有系统的对话交流及合作机制。"

2016年12月底，"一带一路"百人论坛通过系统性的公开信息分析，评选出2016年度中国最具代表性和影响力的"一带一路"优秀智库，蓝迪国际智库名列其中。

2017年2月24日，中共中央对外联络部组织的"一带一路"智库合作联盟吸纳蓝迪国际智库为联盟理事单位，并确定蓝迪国际智库作为"一带一路"国际合作高峰论坛"民心相通"专场"中巴经济走廊"国际智库合作网络的牵头单位。

2017年5月，在"一带一路"国际合作高峰论坛期间，蓝迪国际智库成为由国家发改委组织的首届"一带一路"产业金融国际高级别研讨会的协办单位。

赵白鸽数十载的专业训练、国际经历和深度思考，在蓝迪国际智库的一次次突破和创新中生长、绽放。

助力中国企业"走出去",她用智慧和汗水为企业插上国际化的翅膀;高举"和平与发展"的国际旗帜,她用合作与共赢筑就智库发展和国际合作的宽广平台;实践"一带一路",她用拼搏与执著豪迈书写她的中国心与世界梦。

(文 炜)

民企出海领航人——郑跃文

引 子

中国"一带一路"倡议提出以来,大批中国民营企业家敏锐察觉到商机,并以其天生的主观能动性和创新性,积极投身到"一带一路"建设中去。2013年9月至2017年年初的三年多时间,他们的足迹遍布"一带一路"相关国家,仅2015年,民营企业在海外的投资额就占到了中国全部投资额的75.6%,2017年还大大超过这个比例。在这个大有作为的伟大事业中,中国的民营企业家们被海外客户亲切地称为"中国合伙人",其中,带领民营企业家们抱团出海

中国民营经济国际合作商会会长、中非民间商会会长郑跃文

的领航人就是郑跃文。

在这个浩浩荡荡的队伍中,郑跃文的身影异常耀眼,他有着令人难以企及的双重角色和定位:一是成功但低调的企业家;一是助力中国民营企业"走出去"的传奇人物——中国民营经济国际合作商会会长、中非民间商会会长。

他成功,从一名年轻的机关干部成长为"中国优秀民营企业家"的代表人物;他低调,各大媒体中鲜有关于他的报道;他严谨,在企业的发展中"操千曲而后晓声",事事追求完美;他有雄心,在"一带一路"建设的浪潮中,带领中国的民营企业家,演绎着中国民企版的"中国合伙人",席卷着世界各地的"票房"。

第十、第十一、第十二届全国政协委员,全国工商联第九届副主席,中国民营经济国际合作商会会长,中非民间商会会长,科瑞集团有限公司董事长……这些都是郑跃文的头衔。他没有自诩精英,办了二十多年的企业，他仍不忘初心，还有那股拼劲儿，还有那份激情，只不过多了一份岁月沉淀的睿智。

中国"一带一路"倡议提出的"五通"，给这位中国民营经济国际合作商会会长的头衔又加了分量，当中国把非洲作为"一带一路"建设的实施区域之一时，又给他这位中非民间商会会长的肩上加了一副担子。

1. 为企业海外投资搭建服务平台

当今世界，在某种意义上是一个贸易创造的世界。从物与物的交易开始，人与人的交流、文明与文明的交融就不曾停止。在这个国际投资贸易过程中，中国的民营企业成为非常重要的载体之一。中国民营经济国际合作商会，融合了中国民营企业在"一带一路"建设和全球贸易中的诉求，在党和政府的领导下，她喊着号子，让中国"走出去"的民营企业逾越地理的距离，突破心理的疆界，在艰难险阻中奋力前行。

国际合作商会的成立是我国民营经济海外发展的一件大喜事，对民营企业"走出去"起到十分重要的作用。面对重任，郑跃文虽到了"知天命"的岁数，反倒像一位摁不住的后生，满膀子力气，就像当初从机关下海创业充满激情，非要领着众多民企去外面的世界闯天下。他在商知商，商会创建之初，他就将民营经济国际合作商会定位在"中国"和"国际"的层面。作为牵头发起人,他奔走呼号,向管理和审核批准部门报告情况,诉说原委,直至获得有关部门的理解、重视和支持。2011年11月24日,中国民营经济国际合作商会经国务院批准、民政部批复同意在北京成立。国际合作商会系全国工商联直属商会,在30多家商会中,她差不多是最年轻的,但其一诞生就肩负重任。时任中共中央总书记胡锦涛同志在听取民企"走出去"和商会筹备情况后指出:民企"走出去",一要抓住机遇,积极作为;二要趋利避害,防范风险。因此,商会成立伊始,郑跃文带领的领导班子便提出了"服务立会、能力办会、文化兴会和党建强会"的指导思想和办会原则,把服务民企"走出去"作为商会工作目标,积极制定能力建设规划,奏响我国民营企业出海的集结号。

中国民营经济的发展是改革开放的产物。30多年来,那些敢冒风险"吃螃蟹"的"弄潮儿",那些胸有大志、坚忍不拔的企业家们,克服无数困难,闯出一番天地,填写出光鲜亮丽的成绩单。中国民营企业从无到有、从小到大、从本地到全国、从中国到世界的发展历程,其艰其难,其大其伟,郑跃文会长感同身受。

一大批中国民营企业伴随着中国的成长,怀抱着成长和发展的梦想,走出国门,在亚洲、非洲、欧洲、拉丁美洲,在"一带一路"的相关国家,投资设厂、建立产业园区、实施并购等长期战略，获得全球资源的市场配置。据不完全统计，在我国超过4万亿美元的境外企业资产中，民营企业已占30%以上，投资企业数占80%。中国民营企业在海外的经济影响力不断扩大。但是，民营企业"走出去"的路不是平坦的，不同国家的政治生态、政策、管理、法律、语言、文化以及风土人情等都容易让我国的民营企业水土不服；因为国内体制所限，民营企业"走出去"缺乏有效的政策、金融与法律支撑；在陌生的国度里，民营企业自相残食性的竞争经常上演。对此有人戏言："独在异乡为异客，最怕他乡遇故知"。这些情况让郑跃文既感慨又担忧，企业家们的期待让他感到，中国民营经济国际合作商会帮助民营企业"走出去"的担子是很沉重的！

走出去参与国际竞争与合作，参加"一带一路"建设，如何在异国他乡应对种种碰撞，并达到落地生根、融合与生长，这些问题成为郑跃文和商会肩上的重大责任。

2. 打造一个"与众不同"的商会

郑跃文说："今天是一个深刻转型和变革的时代，是一个充满机遇和挑战的时代。"中国经济已经从以往快速发展进入稳健增长的新常态,而全球经济则在新技术、新能源、新产业、新思维的引领之下,不断向着创新突破的方向前行。在这样的背景下,2015年,中国正式推出"一带一路"倡议,并实施"中国制造2025"和"互联网+"行动计划,翻开了中国经济的全新篇章。"与众不同"的时代背景,给国际商会提出"与众不同"的办会要求。

郑跃文肩上的任务也是"与众不同"的。中国民营经济国际合作商会是中国唯一一家专门服务民营企业"走出去",开展国际经济合作与交流的全国性大型商会组织。商会企业也堪称"与众不同",其中,入选"财富世界500强"4家、入选"福布斯全球企业2000强"8家、入选"中国企业500强"26家、入选"中国民营企业500强"41家。会员企业中那些响亮的名字:联想控股、复星集团、阿里巴巴、沙钢集团、吉利汽车、三一重工、雨润集团、海南航空、亿利资源、新希望、亨通集团、汉能控股、重庆力帆、科瑞集团等一大批民营企业巨头也颇为"与众不同"。

事不避难者进,面对重任,郑跃文攻坚克难,带领商会积极在国际上为我国企业"走出去"铺路架桥。面对时代浪潮,中国民营企业紧随国家战略,正大踏步迈向国际化通道。而商会,就是这个通道中的服务员、护卫员、领航员。郑跃文深知,商会与不少政府部门主管的行业商协会不同，区别在于无延伸职能，提供的是综合性服务，要求国际化程度高。加上近年来民营企业的发展环境不佳和"走出去"进行海外投资的各种难度加大。郑会长带领商会无论会务建设、服务建设都要立足改革，坚持创新，追求发展。功夫不负有心人，郑会长立志打造一个与众不同的商会取得了可喜的成绩。

民政部授予中国民营经济国际合作商会"全国先进社会组织"称号。商务部将中国民营经济国际合作商会确定为"中国民营企业走出去信息报送主体单位"。全国工商联连续四年授予中国民营经济国际合作商会"优秀商会"荣誉称号。在第十五届中国经济论坛上，国际商会获得"中国创新榜样"荣誉称号。

要做有思想的商会

有思想才会有愿景理想，有工作目标才可能方法得当，做到知行合一。郑跃文从一开始就明确了以"服务民营企业走出去"为商会宗旨；以"服务为中心，项目为纽带，人才为支撑，资金为保障，需求为重点"为办会特色；以"办大事，办实事，办好事，办成事"为服务承诺；以"广交朋友、服务先行、义利兼顾、合作多赢"为商会文化；以"政治核心、战斗堡垒、先锋模范、服务保障"为党建指导。

正是坚持上述办会思想，商会在会员管理与服务建设上始终走在促进民营企业"走出去"健康发展的正确轨道上。如在落实"组织定位"上，商会形成的国际合作平台将200余家机构会员全部覆盖；在实施"服务承诺"上，商会把为民营企业"走出去"提供相关政策建议作为大事；把帮助会员落实资金、项目、解决所需人才作为实事，把建立"亲、清"政商关系，帮助民营企业争取政府支持作为好事。在践行"党建指导"上，商会不仅率先成立党组织，积极开展活动，还从"两个健康"出发，使党建工作向会员单位和海外民营企业延伸并且覆盖。

打造有能力的商会

郑跃文很清楚，商会建设的根本是能力建设，重要的是整合资源，构筑平台，形成合力，强化能力。通过调研企业、政府和社会所需，以主要满足会员单位在金融支持、科技创新、人才培养、国际合作、政府联络、法律维权、信息舆情、国际安保、媒体宣传、健康保障、商会智库的服务需求。为此，郑跃文跑遍了相关领域的专业机构，并与他们合作创建了金融服务中心、国际技术转移中心、教育培训中心、一带一路法律与商事服务中心、媒体宣传中心、健康服务保障中心、国际产能合作研究院作为能力建设的平台支撑。

"无形资产+专业实力=优势互补+互利共赢"。郑跃文借助这个模式打造商会的合作发展能力平台，为民营企业提供金融服务、技术服务、产能合作、健康保障与国际交流。

打造金融服务中心，依托中国银行、民生银行等2800亿的融资授信组织，成立了针对民营企业的商会融资平台；组织金融信息专家成立了一个一端连线民营企业，另一端连线各类银行的项目融资信息平台。

打造国际技术转移中心，利用商会分别设在德国、美国、以色列、日本的国别事务高级顾问帮助下，在分布于上述四国的有关研究机构支持下，推动先进科技项目与民营企业合作，开展德国工业4.0与中国制造2025的对接。目前，商会已在广州开发区建立了国际技术转移分中心，正尝试在德国杜伊斯堡建立国际科技产业园。

国际产能合作研究院是商会与泛华集团合力打造的面向国际产能合作的智库组织。研究院以设计、融资、建设为一体，以实现资源、资产、资本、证券叠加效应为模式，为企业提供设计咨询以及融资服务。会员企业称其为国际产能合作最实用、最受欢迎的商会智库。

商会作为专门服务民营企业开展海外投资和国际

经济合作交流的平台,重点创建"一带一路"发展中心,并举全会之力推动走出去和"一带一路"建设规划的落实。郑跃文提出了"搭设两大构架,建立一大机制,开展五大合作"落实办法。"两大构架"是:第一,建立"一带一路"沿线国家与地区商协会合作联盟,目前已完成54个国家工商会、商协会等组织签约合作;第二,建立我国"一带一路"重要节点城市的地方工作委员会。"一大机制"是:每年召开一次"一带一路"沿线国家与地区商协会领袖峰会。"五大合作"是:投资合作、商贸合作、科技合作、文化合作、媒体合作。其中,商贸合作由专业团队负责设计"一带一路"沿线国家与地区商协会电商平台。在商会的信用框架下,实现商协会联盟的会员企业间的产品、项目、服务的互联互通。商会的上述构架与发展机制,受到了国家发改委、商务部、亚投行、丝路基金等政府部门和金融机构的支持,被称为政府推动"一带一路"建设的民间支撑。

建设有愿景的商会

"合众力,造大船,涉深水,助远行",这是郑跃文追求的目标。为了更能反映中国民营经济国际合作商会的特点,郑跃文提出了四个"力"的努力方向作为新的发展愿景:一是在"走出去"的民营企业中有号召力；二是在民营企业国际合作中有影响力；三是在商会品牌形象上有公信力；四是在商会能力建设上有生命力。为实现"四力"愿景，着眼未来发展的需要和可能，郑跃文又提出了可操作的"十个一"愿景工程：建设一支高素质、高能力、高薪酬的职业化社团工作者的国际化团队；组建一个金融服务综合体，力争成立商会银行；设立一所专门培养国际化人才的国际商学院；建立一支商会在海外的工作机构和服务团队，推动商会走出去；打造一个国际化大型品牌活动的综合交流平台；构建一个全天候、全方位、全兼容的"互联网+"商会服务信息平台；成立一个专门服务民营经济发展和"走出去"的国际智库机构；组建一支熟悉国际投资、商贸体系和法律制度，能够维护民营企业海外权益的专业团队；建立一个国际化的慈善与公益促进机构；建立一个坚强有力的商会党建工作体系，服务走出去民营企业党建工作。

世界大势，浩浩荡荡，中国民企，志存高远。坦诚互信为支柱，经济合作为基石，传统友谊为灵魂，商会成了汇集华夏精英、聚拢八方财智的盛世平台。在"合众力，造大船，涉深水，助远行"的理念引领下，郑跃文带领会员企业打造出了一个"有思想、有能力、有愿景"的商会，为中国民营企业"走出去"提供无穷动力，为中国经济的发展做出了突出贡献。

3. 让企业助力"一带一路"建设

对于"一带一路"倡议,郑跃文有自己的见解:"一带一路"倡议的提出具有深刻的时代背景和鲜明的历史意义。从国内看,推进"一带一路"倡议,是优化经济发展空间格局、全面提升区域协作发展水平的重要举措;从国际看,"一带一路"倡议顺应了经济全球化和区域一体化的大趋势,是探索全球治理新模式的尝试。

在"一带一路"建设中,中国的民营企业家要"走出去"做生意。虽然从漂洋过海、跋山涉水的先辈,到今天全球化背景中的新一代,中国商人从来不缺乏勇气和冒险精神。但这种勇气,在异国他乡很容易变为匹夫之勇。民营企业"走出去"的道路充满艰辛,中国民营经济国际合作商会担负起在这条充满艰辛的路上为民企披荆斩棘的重任。

历史上,丝绸之路的开辟有力地促进了东西方的经济文化交流,也极大地促进了西域经济和文化的发展。基于同样的历史和责任担当,习近平主席提出了宏伟的"一带一路"倡议,这是在新时代下对古丝绸之路历史遗产的最好继承和发扬。当今世界各国相互依存、休戚与共,"一带一路"以合作共赢为核心,不仅有益于中国经济的持续发展，也契合沿线国家的共同需求，为所有沿线国家的优势互补、开放发展创造了新的机遇。这个新机遇郑跃文认为中国民企必须紧紧抓住。

郑跃文认为，在"一带一路"背景下，中国企业的崛起就不应仅是经济使命，更应该是责任使命，是一种把企业的荣辱兴衰与国家的繁荣发展系于一身的自觉担当。企业是对外经济合作的市场载体，更是国家"一带一路"建设的实施主体。推进"一带一路"建设，企业要有唱主角的勇气和担当，要认识到参与"一带一路"建设是当前企业生存和发展的重要原动力。郑跃文告诉企业家，"一带一路"建设，对于企业是一次难得的发展机遇：一方面，企业参与"一带一路"是应对经济下行压力的途径，相当于重新经历一遍我国经济高速增长的"黄金年代"；另一方面，参与"一带一路"建设，利用国内和国际两个市场、两种资源，通过和其他企业抱团，可快速提升企业自身发展转型和国际化经营能力。

在机遇面前，商会怎么干？郑跃文到政府咨询请教，到企业要想法，到国外看现实，一圈下来，他心里有了门路：一是发挥企业家交流、沟通和联络信息的作用；二是利用商会的灵活性和接触的广泛性，帮助企业开展市场挖掘、调研、决策和评估工作；三是和境外地方政府和社会组织牵线沟通，提高效率减少摩擦，推动企业形成合作；四是承担"民间外交"与"公共外交"的职能，通过共同举办各类文化交流活动，实现"民心相通"。

如今，在"一带一路"建设中，中国的民营企业摩拳擦掌，有的已经突破并成功融入异国他乡，有的正在改变惯性的思维方式，有的即将开启未知的人生旅途。

4. 当好政府和企业的桥梁和纽带

随着"一带一路"倡议和愿景的逐步实施，商会在与政府、企业的沟通和协调中越来越显示出自身优势，已逐渐成为政府职能补充和企业发展的重要支撑。"商会不仅是非公有制经济人士进行自我管理的基本组织形式和参与社会事务的重要渠道，更是促进企业和经济发展不可或缺的重要力量。"这句话被郑跃文在各种会议、论坛上屡屡提及，他和商会下了决心，要在推动区域经济发展方面有所作为。

口号易喊，做事不易，但郑跃文还是逼着自己硬着头皮上阵了。经过与各方多次研讨，他拿出了一整套招数：商会首先要做政府的好助手，承接政府不便做、不能做的工作。比如在一些产业园区的项目落实过程中，仅依靠某一家企业操作，各方面的成本会很高甚至很难完成，但是通过商会的组织和协调推进，则会大大降低成本、增加成功概率。同时，企业在参与"一带一路"建设的过程中往往面临诸多问题，比如对投资目标国的行业政策、风俗习惯、政治和法律环境等方面缺乏了解，如果这些信息都由"走出去"的企业亲自去调研了解，无论是时间成本还是资金成本，对很多民营企业特别是中小企业来说都是难以承受的。但是在这方面，商会可以发挥特有优势，通过服务渠道和平台，为企业提供不同目标市场的充足而有效的信息和可靠的专业服务，进而降低企业"走出去"的成本和风险。

当看到国家大刀阔斧地简政放权时，郑跃文又有了新的想法，政府可以采取向商会购买服务的形式实现职能转变，提高效率，更好地为"一带一路"谋篇布局。郑跃文认为，商会可以通过开展调查，深入了解掌握企业动态，并及时向政府部门反映企业诉求，积极建言献策，推动"一带一路"相关政策的贯彻落实，协调推进企业合作，把分散的力量和资源集聚起来，发挥团队效应，共同开拓"一带一路"新市场。同时整合各方资源搭建交流平台，密切政府和企业的对话沟通，在上传下达中更好地推进"一带一路"建设。

5.防范风险,让企业"走得稳""走得远"

自古至今,中国和世界的贸易从未停止。商者的坚守与创新,让贸易生生不息,但这条路并不平坦,其中的艰辛,成为他们泪水的酵母。在郑跃文眼里,未知的风险,对于"走出去"的商人和企业来说,极可能是船毁人亡的狂风骤雨。

随着"一带一路"建设的持续推进,中国民营企业"走出去"的步伐不断加快,对外投资规模在扩大,投资领域也在拓宽,与此同时,面对的风险也随之倍增。如何使"走出去"的民营企业"走得好""走得稳""走得远",郑跃文和商会做了大量的探索实践。

加强海外企业诚实守信的自律引导

诚信,在郑跃文的字典里排在了第一页,他把科瑞集团大部分的成功归功于"诚信"二字。对于"走出去"的企业,诚信不止关乎企业的发展,在郑跃文眼里,这关系着中国在国际社会中的形象,关系着中国式的价值、观念和文化能否在异国他乡落地、融合、生长。为此,郑跃文带领商会多次组织会员企业、高等院校的代表,针对民营企业"走出去"在投资经营和履行社会责任中存在的问题,就商业伦理、利益攸关、持续发展等进行分析。同时,商会基于相关案例分析,

2012年7月,郑跃文(左一)访问坦桑尼亚与时任坦桑尼亚总统基奎特合影

进行民企及相关商会社会责任的顶层设计,制定并发布了《民营企业"走出去"社会责任纲要》和《中国民营企业"走出去"履行社会责任倡议书》,以社会指导和企业自律的方式,倡导会员企业文明守法,弘扬诚信经营理念。除此之外,商会正在与有关机构合作,建立产品质量信息管理与服务平台,打造"诚信中国"大数据平台,通过高科技的技术手段推进企业和国家的诚信建设。

加强安全风险提示,编制国别投资风险指南

郑跃文一直不遗余力地强调企业"走出去"的风险防范。他执掌的科瑞集团,近几年的海外版图在不断扩张。作为一家创新型产业投资企业集团,科瑞每次海外收购,其手笔之大都会引起业界关注。岂不知,每次收购,郑跃文都要调动专业力量对收购对象各方面风险进行大量细致深入的研究。他认为,只有扎稳了马步,才能一招制胜。他借助商会平台,把这套经验传授给其他会员企业。2010年,商会刚刚成立,便对180多家"走出去"的民营企业进行了调查统计。通过调研,商会发现,调研对象中40%以上的民营企业坦言,自己在国外存在盲目决策、冒险投资的情况。对此,商会根据对外投资合作的实际情况,组织专业人士编制了《国别投资风险指南》,内容覆盖北美、欧洲、东盟及"一带一路"沿线的俄罗斯、土耳其等重要节点国家,为"走出去"的民营企业提供了政治、法律、财务、税务等多方位的信息和操作指南。

加强与驻外使领馆联系,更好地为海外民企服务

针对会员企业"走出去"时对东道国不熟悉、不方便、不适应的情况,郑跃文借助商会积极推进"路路通"工程,通过各种形式安排会员企业同中国驻外使领馆和外国驻华使领馆及其招商机构,与联合国以及外国民间商会、协会等建立联系。使会员企业走到哪里,联络通道就铺到哪里。同时,全面建设商会与这些机构的绿色通道与工作机制。截至2017年年初,商会已与133个国家的投资机构、140多个外国驻华使馆、204个国家和地区的工商会组织建立了联络通道，并形成对接工作机制。商会还与美国等140多个国家的使领馆与外事机构建立起快速服务联络，并获得会员签证的优先服务权。商会基本完成了"一带一路"沿线国家商会合作联盟合作备忘录的签署工作，并计划从今年起每年召开一次"一带一路"沿线国家与地区的商会领袖峰会。

有人说，企业的成功是"生意天才"的佳作。郑跃文不接受"生意天才"这个说法，但他也不否认，一个企业家的自身素质，往往左右着企业的发展。在千变万化的生意背后，拥有非凡卓越的头脑和创意，才会是永远的赢家。为此，商会与对外经贸大学共同设立服务民企"走出去"的培训班，与外交部合作建设民企出国人员培训基地，组建教育培训中心，提升企业家自身技能素质和应对风险的能力。同时，每年召开民营企业"走出去"风险防范座谈会，邀请律所、企业、学者就海外风险防范交流经验，提供解决方案。

"闻道有先后，术业有专攻"，商会帮助企业"走出去"，郑跃文首先想到的是法律维权保驾护航。"走出去"做生意，不仅仅是你情我愿的商品流通，更是一场国与国之间看不见的博弈。当博弈的擂台摆在他乡，总会有种种势力试图左右结局，甚至改写结局。

商会会员"走出去"迫切需要海外法律援助。郑跃文认为此事迫在眉睫，他找到会员单位北京德恒律师事务所，一起在全球60多个国家建立"一带一路服务机制"以及北京融商"一带一路法律与商事服务中心"暨"一带一路国际商事调解中心"法律服务网络，为民营企业提供海外法律服务。2012年，三一重工关联企业罗尔斯公司在美国风电项目上被奥巴马政府以"可能危害国家安全"为由否定，商会立即启动一级服务响应，由商会主要领导出面与美驻华使馆公使和美国商会会长紧急会晤，依靠合作律师团队的力量，助力三一重工打胜控告美国政府一案。此外，在国际安保方面，商会整合相关安保资源筹建国际安保服务中心，向海外会员企业提供覆盖全球的安全顾问、危机处理、特种保镖、重要护卫等国际安保服务。

6. 好日子要和非洲兄弟一起过

志合者，不以山海为远。中国与非洲——世界上人口最多的发展中国家和发展中国家最多的大陆，携手前行，创造了众多辉煌。

"岁寒知松柏，患难见真情"，中非曾经肩并肩手挽手，共同走过了艰难岁月。20世纪60年代，周恩来总理率团访问非洲10国，奠定了中非合作的坚实基础。

20世纪70年代,为了支持非洲国家的民族解放事业,中国在自身经济十分困难的情况下先后派遣了工程技术人员5万人次赴非援建了坦赞铁路。时至今日,这条"自由之路"仍是中非友谊的象征。

近年来,随着中国经济的腾飞和非洲经济的快速发展,中非合作的广度和深度持续拓展,内涵不断充实,互利共赢始终是中非合作的主旋律。走向广袤非洲的中资企业,是深化中非务实合作的见证者和实施者,为增进中非友好发挥着不可替代的作用。2000年中非贸易额为106亿美元,2008年达到1062亿美元,2013年超过2000亿美元大关,2014年中非贸易额为2200亿美元,这组数据足以说明,中国已成为非洲第一大贸易伙伴。

为进一步加强中非合作,2004年,经时任联合国秘书长科菲·安南先生提议,启动中非商会项目;2005年,联合国开发计划署、商务部中国国际经济技术交流中心和中国光彩事业促进会筹组商会;2006年,经中央领导同意,民政部批准,中非民间商会正式成立。2012年,郑跃文接过了中非民间商会的担子。中非友谊,让郑跃文印象深刻,在他眼里,中非是命运共同体,追求美好生活是中非人民的共同愿望。因此,好日子要大家一起过。

2013年3月,国务院授权三部委发布的《推动共

2012年7月,联合国前秘书长、科菲·安南基金会主席科菲·安南先生到访中非民间商会,与郑跃文(右一)会长共商合作

建丝绸之路经济带和21世纪海上丝绸之路的愿景与行动》中,明确将非洲作为"一带一路"倡议的实施区域之一。从此,中非民间商会站在了"一带一路"倡议非洲版图的浪尖上。

非洲,作为世界经济欠发达的大洲,幅员辽阔,资源丰富,人口众多。非洲基础设施相对落后,农业生产水平低下,加工制造业比较薄弱,城市化、工业化进程正在启动。郑跃文却信心满满,他深信一句话,"日日行,不怕千万里;常常做,不怕千万事"。"一带一路"建设,让更多的中国企业和商人抱着合作共赢的理念走进非洲,夜以继日地建设非洲。

让商会成为在非企业的服务站

中国企业家的到来对非洲大陆显得难能可贵,这片沉寂多年的土地,在中国企业带来的"甘霖"下,迸发出勃勃生机。郑跃文和中非民间商会见证了太多中国企业家和非洲兄弟在拥抱欢笑中创造一笔笔财富的美好画面。

从2006年成立到2017年，中非民间商会联系并服务过500多家在非中资企业，帮助会员企业在非洲51个国家开展业务。为了帮助中国企业在非洲更好发展，在郑跃文的领导下，商会加强与国家开发银行、进出口银行的合作，发挥中非发展基金引领中国对非投资的重要作用，以"促进项目精准对接"和"投资与融资便利"为商会专属服务，以加强部委联系、畅通与非洲各国驻华使领馆及各国投资促进部门的网络联系为工作基础。同时，在签证商旅、法律商事、国际传播、培训研讨和安保救助等领域，推动"以会员专业能力服务会员"；而在行业领域上，则结合会员特点，以基础设施建设、产业园区、经济特区、制造业、物流与商旅、药品本地化生产为服务重点。

据不完全统计，截至2016年，中非商会会员已在38个国家开展投资，在非累计投资额达90.5亿美元，在非洲直接聘用10万多名当地员工，间接带动150万人就业。他还记得中非商会推动的第一个在非大型投资项目：深能源加纳安所固电厂项目。2008年4月，加纳安所固电厂在西非加纳共和国开工建设。该电站由深圳能源集团与中非发展基金共同投资建设，电厂一期工程在2010年建成投产后，商会必须要争取到加纳总统和政府对电厂的支持，要与加纳配电公司签署购售电协议，要取得加纳公共事务委员会的电价批复，要获得加纳能源委员会颁布的电力销售许可证，要与尼日利亚供气商签署框架协议……最终这些课题、难题都在商会和企业的共同努力下一一得以解决。这些数据和项目郑跃文脱口而出，满脸自豪。他知道，每一个数字背后都是企业和商会的百倍心血。

2016年4月18日，第十二届全国政协主席俞正声与加纳总统马哈马共同出席见证深圳能源安所固天然气电站二期工程投产仪式。该电站建成以后将为加纳全国提供超过30%的电力，为加纳经济发展提供强有力保障，该项目也将成为中国海外投资发展重大项目的典范之作。

让赴非企业成为有道华商

2014年6月，郑跃文参加在达累斯萨拉姆举办的第二届中坦投资论坛，所到之处，他感受到当地政府和企业的热切之情。坦桑尼亚各界都期盼着来自中国的资本、技术、产品和文化能够改变他们的工作和生活。

然而，商人逐利而居，"商道"在少数商人面前有时显得苍白无力，在非华商也不例外。郑跃文却毫不避短，因为他知道，护短只会让诚信断送在非洲大陆，共享共赢才是生意之道。

郑跃文秉承"文化先行、义利兼顾、合作共赢"的办会理念，积极引导企业，让中国在非企业在当地人民的眼里成为有道华商。截至目前，商会超过500家会员单位为非洲经济与社会发展做出了突出贡献，积极推动会员企业在非洲追求"包容性商业发展"，让业务惠及非洲社会"金字塔"中下层人民，促进企业尊重当地文化习俗，合法合规、诚信经营。中国企业通过参与开展基础教育、技能培训、女性就业、社区公共建设、文化交流、艾滋病与其他疾病防控、灾难救助等实践，努力融入当地社会。商会的行动，维护了中国企业在非洲的正面形象和国家声誉，积累了民营企业海外发展的正能量。

同时，郑跃文把自己在国内探索的公益慈善模式也搬到了非洲。2015年，在中非商会、中非基金、中华社会救助基金会推动下，成立了"爱加艾减公益基金"，这是中国民间第一家专门帮助非洲受艾滋病影响的妇女儿童的公益基金，得到了联合国艾滋病联合规划署、联合国开发计划署的支持。尤其是在联合国副秘书长、联合国艾滋病联合规划署执行主任米歇尔·西迪贝的支持下，与非洲第一夫人抗击艾滋病联合会建立了紧密的合作关系，目前已对10个非洲国家防艾抗艾项目进行了捐助，惠及超过万名非洲母亲和儿童。

让企业带着发展规划"走出去"

从投资的角度看待赴非经贸合作与投资,郑跃文站在商会平台上,自然高人一筹。他认为,在中非发展新阶段,中国企业带着发展规划"走出去"是非常重要的。2015年12月,习近平主席出席中非合作论坛约翰内斯堡峰会,在开幕式上发表主旨演讲,宣布了中非合作一系列重要举措。峰会审议通过《中非合作论坛约翰内斯堡峰会宣言》和《中非合作论坛—约翰内斯堡行动计划(2016—2018)》。在后峰会时代,在中非合作论坛和中非元首的推动下,开展中非经贸投资合作已非难事。但企业想深耕非洲,获得可持续发展,在造福当地人民的同时获得投资回报,实现稳定长期发展,在郑跃文看来并非易事。

企业在"走出去"前如何做好战略规划和部署?郑跃文给出了"五个检视"。

一是检视自身发展规划与国家"一带一路"倡议和国际产能合作重点领域国别是否匹配?是否能够搭车上路、借船出海?

二是检视到非洲投资是否是企业自身国际化发展战略的一部分,而不能仅仅停留于项目层面,这决定了企业在海外项目需要推动、遇到难题需要拓展或收缩时的思考高度,以及能够调动多大资源、给予实质帮助。

三是检视企业自身发展战略与非洲目标投资国的经济发展政策、招商引资重点的匹配度，认真地接触和听取非洲基层官员、技术专家以及当地金融机构、法律商事机构的意见更为重要。

四是检视自身发展战略是否与国家金融部门对非业务方向与重点行业相一致？企业要积极联系国家开发银行、中非发展基金、进出口银行、中信保、中非产能合作基金等金融机构，获得必要指导，争取投资融资支持。

五是检视自身在法律商事与安保救助上的准备程度，是否与项目所在国家（从事过中国业务）的法律商事机构建立了工作联系？是否与当地有信誉、有声望的商会组织建立了必要的沟通渠道？

中非合作论坛约翰内斯堡峰会刚刚过去一年多，现时正是落实峰会成果的关键阶段，"投资非洲"也进入历史机遇期。郑跃文希望中国企业把握时机，做好规划，投资非洲，融入非洲，而他和商会愿意以11年实践积淀的经验为企业提供务实的服务。

"非洲的增长是全球经济发展的亮点，来自中国的贸易与投资对非洲经济的促进与日俱增。中国梦与非洲梦具有深远的历史联系，非洲的繁荣是非洲人民的愿望，也是中国人民的愿望。中非民间商会愿携手中非企业，共创美好明天！"郑跃文在回顾中非民间商会所取得的成绩时，提出了更高的目标追求。

"一带一路"这幅中国与沿线各国共同绘制的恢宏画卷已经展开，在郑跃文的带领下，中国民营经济国际合作商会和中非民间商会拿起画笔，在世界最壮观的经济走廊上落墨留痕。

驼铃阵阵，羌笛悠扬，丝绸古道而今重又辉煌。

（王健任）

从"装备中国"到"装备世界"
——张新

引 子

为了情义和责任,他主动放弃去国有大型企业当干部的机会,继续在濒临倒闭的小厂任职;他把一个资不抵债的街边小厂培育成当时A股为数不多的上市公司之一;躬耕30载,他在输变电和新能源领域打造了两个世界级"巨舰"。他就是特变电工股份有限公司的"掌门人"、董事长——张新。

自1988年担任昌吉市电力变压器厂(特变电工前身)厂长以来,张新把一个总资产不足15万元、年收入不足10万元、资不抵债的街道小厂,培育成了以能源为基础，涵盖"输变电高端制造、新能源、新材料"国家三大战略性新兴产业规模的公司，成功构建了特变电工、新疆众和、新特能源三大上市公司平台，成为世界输变电行业排头兵企业，我国大型铝电子、多晶硅新材料研制出口基地，大型太阳能光伏、风电系统集成商。其麾下企业有14个国内制造基地、2个海外基地，变压器年产量位居世界第一位，光伏EPC（Engineering Procurement Construction，是指公司受业主委托，按照合同约定对工程建设项目的设计、采购、施工、试运行等实行全过程或若干阶段的承包。通常公司在总价合同条件下，对其所承包工程的质量、安全、费用和进度进行负责）总量排名全球第一。

如今，张新带领的特变电工瞄准国家"走出去"战略，积极利用"两个市场、两种资源"，先后为美国、加拿大、印度、俄罗斯、塔吉克斯坦、苏丹等60多个国家和地区提供了可靠的装备和优质的成套项目总承包服务，带动了数十亿美元中国机电产品的出口，实现了从"装备中国"到"装备世界"的跨越。

1. 鲲鹏击浪从兹始

功不唐捐，玉汝于成。张新的成长，既有顺势而为，也赖于造势前行。

1963年,张新出生于新疆呼图壁种牛场。在他的童年记忆中,每到冬天人们都要拉牛粪给地下肥,当时的工具基本都是木制的爬犁,条件稍好的两根犁轨上用的是铁条,这样就能增加强度、减小摩擦力。

当时,张新家就有这么一副爬犁,"父亲好不容易找到两根铁条,让我们下地干活轻松不少"。在极少有拖拉机的那个年代,板车和爬犁已经是很好的工具了。

"我们几乎没有工业。"在张新为过去无限感慨的时候,变化也悄然发生——新疆工业兴起的浪潮猝不及防地拍向了他。

1988年春节刚过,和很多举步维艰的国有企业一样,昌吉市电力变压器厂面临破产的命运。此时,拥有国家十部身份的技术员张新接到调令,到乌鲁木齐一家效益较好的工厂当电气工程师。这纸调令不仅可以让他离开变压器厂这个"烂摊子",还可以涨工资、分房子,这可是令身边工友无比"羡慕嫉妒恨"的大好事呀。

张新更是兴奋。大年初五,他紧捏着这张调令,怀着无比喜悦的心情走在昌吉市空旷泥泞的街道上。他要去给自己在变压器厂的师傅王秀芝拜年,顺便告诉她这个好消息。

"你们技术好、能力强又年轻的都走完了,我们这些人怎么吃饭呀……"听到张新带来的"好消息",王秀芝的眼泪不断涌了出来。

这场景完全出乎张新的预料。看着王师傅无助地哭泣,他不知如何是好,只能尴尬地起身告辞,王师傅却执意留他吃晚饭。当日的晚饭让张新记忆犹新,一碗面条、一碟咸菜,这已经是王师傅家春节最好的食物了。

吃完饭,张新逃跑似的出了王师傅的家门,径直来到了市变压器厂,在破败的厂房前驻足了很久很久。看着手里的调令,他头一次认真思考起工厂剩下职工的出路问题。

第二天,张新走访了好几家变压器厂职工,和王师傅家的情况几乎一样:破败的房子、简陋的食物。王师傅,不过是众多濒临破产企业职工之一。厂里半年发不出工资了,大家都靠贩卖羊皮艰难度日。虽是过年,工人们家里几乎都没钱备年货,冷冷清清的,哪儿有个过年样啊!

张新沉默了,一夜无眠。王师傅的话不时在他心里响起:"张技术员,如果你留下来,带着我们干,兴许我们还能有口饭吃。"

1988年3月3日,是张新难以忘记的日子。他终是没有去乌鲁木齐过令人羡慕嫉妒恨的好日子,而是在凛冽的寒风里,在倒塌的废墟前,在众多债权人的注视下,以51票(共53名职工)高票当选为变压器厂厂长。

那一年,张新26岁。经职工共同决定,变压器厂由他以租赁承包的方式经营。这下,他和变压器厂的命运紧紧绑在了一起。

"工人们半年多都没有工资了,我却还每个月拿75.63元,这不合适。从今天开始,我和大家一样,也没有工资了。"身为国家干部、没有存款的张新,每月本可以照常领些工资,却主动拒绝了。

其实,张新的手头并不宽裕。按规定,承包人必须拿出1万元作为风险抵押金。拿不出这么多钱的他,最后只得以父母的房子作为抵押才缴上了风险金。面对跃跃欲试想拉走设备抵债的债主,张新坚决反对,并承诺用三年时间,还清所有欠款。

新官上任三把火。第一把火,张新烧向了"信心",他对工人们说:"大家把家中能用得上的劳动工具都找来,无论是扳手、钳子还是铁锨,哪怕是块擦桌布也行,至少我们可以把设备擦干净,争取早日恢复生产。"

求生存、盼发展的强烈愿望把工人们紧紧凝结在一起,张新从废品收购站买来塑料布,搭起简单的棚户,不到一周时间,变压器厂恢复了生产。

1988年,正是计划经济向市场经济的过渡期,职工身份被划分为国家干部、国有职工、集体职工、大集体工人、小集体工人、个体经营、临时工等不同种类,身份不同，工资和福利待遇都不相同，存在同工不同酬、干多干少、干与不干一个样的情况，员工的积极性和创造性得不到充分发挥。

第二把火，张新烧向了"改革"。经过与厂里老书记等班子成员协商，他决定从改变分配体制入手来推动改革：在变压器厂里，无论是国有干部、国有职工、集体职工还是临时工，所有人都是平等的。收入多少看产品质量、工作质量和对厂子的贡献。奖勤罚懒，临时工做得好也可以当干部，干部做不好降级当工人。工资、福利随着贡献走，地位随着业绩走。

这一"破旧立新"，虽然冒着违反国家当时法规的风险，却极大调动了员工的积极性和创造性，生产力得到空前解放，员工与变压器厂的命运紧密联系在了一起。

第三把火，张新烧向了"行动"，他带领大家动手盖厂房，大街小巷跑市场……

三把火越烧越旺，变压器厂很快有了生机，运转步入了正规。

1992年，第一个承包期结束时，变压器厂已经成为昌吉市经济效益最好的工厂之一。根据租赁承包方案，可以兑现承包奖金197万元，如果分掉这笔钱，变压器厂将培养出一批万元户。

张新深知，和其他电机厂比，和国内优秀企业比，变压器厂规模还太小了。他带头，没要一分钱，把承包奖金全部作为资本金，用于购买土地、修建现代化工厂，投入扩大再生产之中。

也是在那一年，效益越来越好的变压器厂进行了发展史上的首次重组，接管了昌吉市一家修配厂。修配厂是当时典型的地方工业企业，生产的产品在今天看来好似"文物"。

"修配厂主要做铁皮火墙、钉马掌、铸铁锅。在当时，这就是我们的工业。"张新说，"重组这家工厂后，变压器厂除了开展正常生产，还要帮助修配厂卖产品。"

有段时间，张新经常组织职工在昌吉市走街串巷卖铁锅、炉子。这种状况，一直持续到他决定让修配厂停产转型。

正因为与修配厂的联合，才有了昌吉市北京北路98号——变压器厂有史以来第一个现代化的工厂，才有了变压器厂后来的腾飞和发展。

2. 上下求索三十载

1993年，邓小平南巡讲话后，全国各地掀起一场股份制改造的热潮。张新再次成为吃螃蟹的人，在政府的支持下，昌吉电力变压器厂完成股份制改造，后又吸收新疆电缆厂入股，新公司正式更名为特变电工。

1997年6月，特变电工登陆A股市场，成为全国变压器第一股。这标志着特变电工从一家地方小厂变成全国性企业。

进入21世纪，国有企业深化改革初见成果，新疆进入新型工业化发展阶段，掀起了工业领域转方式、调结构、促改革的大潮。新疆工业经济也随之步入发展速度最快、运行质量最好的时期。

手里有了钱的张新，敏锐地在发展大潮中抓住了机会。2003年，他做了一件大事——带领特变电工重组了新疆众和，成为其大股东。

张新的"野心"远不止于此，他想迅速扩充自己的实力。长期以来，变压器行业维持着三分天下的格局：雄踞东北的沈阳变压器厂，垄断华北的保定变压器厂，还有盘踞西北的西安变压器厂。

张新不仅有勇气，更有执行力。其时，他带领特变电工不仅重组了众和，还先后将沈阳变压器厂、衡阳变压器厂等收入麾下，并将一套成熟的管理体制和优秀的企业文化输送给了这些企业。

一系列收购将特变电工送上全国变压器第一的宝座。自此，张新声名鹊起。在帮助这些老企业走出困境、重焕新生的同时，特变电工也从"瘦子"吃成了"胖子"。

30年间，特变电工通过自强不息、创新求变，从一个资不抵债、濒临倒闭的街道小厂，成长为中国最大的能源装备制造企业、世界输变电制造行业的骨干企业，其中变压器年产能达到2.66亿千伏安，居中国第一、世界第一。直到现在，输变电装备制造仍然是特变电工的主业。

用多个篮子打水，是张新的发展思路。在特变电工，新的产业同样发展迅猛，公司已形成了以能源为基础，包括输变电高端制造、电力系统集成解决方案、新能源、新材料五大产业集群。旗下企业遍布全国，在新疆周边国家和东南亚建立了多座工厂和产业园。综合实力位居"世界机械500强"317位、"中国企业500强"304位、"中国机械百强"第9位。2017年，特变电工在《财富》杂志发布的中国500强榜单中，位列第167名。

能力越大，责任越大。作为中国最大的能源装备制造企业，特变电工还承担了中国国家电网、电源、石油、化工、铁路、交通、工矿企业等重大项目、重点工程。在代表世界绿色节能输变电技术发展方向的1000千伏特高压交流，±800千伏特高压直流，百万千瓦大型核电、大型水电、大型火电及可再生能源领域，特变电工参与了中国首台（套）、世界首台（套）产品的研制。这些产品，代表着世界绿色、节能、环保、智能化技术的发展方向。

目前，特变电工拥有自主知识产权的核心专利技术及专有技术近1000项，实现了130多项自主技术重大突破,其中40余项世界首创、90多项中国首台(套)。参与了中国乃至世界行业标准制订100余项,包括IEC标准2项。公司先后荣获中国科学技术领域最高奖项——国家科学技术进步特等奖2项,国家科学技术进步一等奖4项,国家科学技术进步二等奖1项。

传奇的背后,隐藏着张新不懈努力的付出以及无数人的心血和汗水。是荣誉,更是不容有一点闪失的责任。

作为中国电力能源事业发展最重要的装备制造商,特变电工承担了一大批代表世界绿色节能输电领域创新领跑工程的产品研制:新疆与西北主网联网第一、第二、第三、第四通道750千伏联网工程,皖电东送1000千伏特高压交流工程,哈密南—郑州特高压直流输电工程,以及为红沿河百万千瓦核电、平圩百万千瓦火电机组提供主变压器等,为"疆电外送""西电东送"等国家战略实施,以及实现东西部地区均衡可持续发展提供了可靠的保障。

特别是2014年1月,由特变电工提供了27台主变压器的哈密南—郑州特高压直流输电工程投入运营,这也为今后中国参与打造亚洲区域"超级电网"、深化"丝绸之路经济带"框架下的跨国能源合作奠定了基础。

作为特变电工的带头人和领军者,在张新看来,现阶段企业要转型升级,就要不断创新突破。他介绍,"我们始终将科学技术作为第一生产力,坚持每年将销售收入的4%用于科技研发，'十二五'期间累计投入近60亿元，以加强自主创新能力建设，推动企业的健康可持续发展"。

在持续投入的推动下，特变电工把节能化、智能化、自动化的电力建设技术和经验输送到世界各地，有效降低了电力输送的成本，提高了能源转换利用率，降低了从事者的劳动负荷和强度，实现了电网和电源的稳定运行，造福了当地民众，促进了经济社会的全面可持续发展。

在塔吉克斯坦等中亚国家电网建设项目中，特变电工运用了中国先进的电力标准，助推了中亚区域电力丝绸之路经济带的形成，对区域经济发展和社会稳定起到了积极作用，得到国外客商的一致肯定。

这种投入，也让特变电工的发展往前迈出了一大步。目前，特变电工已创建三个国家级工程实验室，并加快了跨国经营国际化进程，实现了由单机制造向系统集成创新、由中国制造向中国创造、由装备中国向装备世界的升级，推动了中国标准向世界的输出，打造了中国民族工业品牌。

不满足于现状，是特变电工向前发展的不竭动力。近年来，特变电工汇聚全球科技创新资源，与乌克兰扎布罗热变压器研究所、ABB、西门子等顶级研究机构和企业开展技术合作，在美国、德国等优势人才集中地建立研发中心，聚世界之智打造新技术高地，实现了从原来的购买技术、消化技术、吸收技术，到现在形成自主知识产权、核心专利技术的自主化。

30年来，特变电工通过以"高精尖缺"人才引进培养为导向，重视高层次创新型人才队伍建设，加强科技领军人才的选拔和培养，采用"内培外引"相结合，从行业标杆企业引进各类专业化、创新型人才近千人。目前拥有院士、学科带头人、外籍专家4000余人的科技人才队伍，国际化人才比重每年以20%的速度递增，立足国际化视野，构建了全球人才聚集高地。

一手培育出这样的规模企业，张新有资本骄傲，可他没有，依然还是当年那个有情有义的他。通过履行企业社会责任，张新全力回报哺育特变电工成长的新疆各族人民，"十二五"期间，特变电工共上缴各类税收近66亿元，为维、汉、哈、回、蒙等29个民族的2万多名员工提供直接就业岗位。围绕新疆社会稳定和长治久安总目标，五年来特变电工累计投入6000余万元用于新疆精准扶贫和"民族团结一家亲"等各类社会公益事业。

3. 丝绸之路上的光明使者

2009年11月29日，是一个被历史铭记的日子。

由特变电工承担的塔吉克斯坦"南—北500kV输变电工程"正式完工,这也标志着古老的塔吉克高原从此有了自己的主电网,塔吉克斯坦"水电兴国"战略从此有了输送的通道。

历史回溯到2006年6月14日,在上海经济合作组织会议上,特变电工与塔吉克斯坦电力部签订了"塔吉克斯坦电网220~500kV高压输变电线路建设"成套工程项目。该项目是上合组织框架内利用中国政府优惠买方信贷最大的项目工程,是中塔两国构建21世纪战略合作伙伴关系的重要载体和中塔两国人民友谊的象征。

异国他乡、山高路远、环境复杂、条件艰苦,面临的困难不言而喻,建设好这个工程谈何容易。但这是塔国政府和人民的期盼,是中国政府的重托,更是中国企业的光荣使命。

张新说:"要克服一切困难,不惜一切代价,高标准、高质量、高效率拿下塔国项目,树立国际一流品牌,让祖国放心,让塔国人民满意,让中国人民自豪。"从此,一支支优秀的设计、施工、管理队伍开进帕米尔西部的崇山峻岭,一辆辆满载设备、材料、物资的重型卡车辗转两国日夜兼程,一座座填补塔国空白的变电站、输电铁塔、发电站平地崛起。

要完工,更要完好工。建设中,特变电工采用了当代先进的自动化、信息化、智能化技术,节电达14%,线路的建设达到了国际先进水平。

2009年底,这一由特变电工向塔国交付电力建设的战略性工程,在塔国大地上罗织起一张独立、巨大、坚强的电网,一举扭转了该国电力基础设施建设落后状况,使其首次掌握了国家电力命脉的主动权。对此,塔国总统拉赫蒙多次给予高度评价。

工程结束,中塔两国人民友谊在延续。2014年,在塔吉克斯坦访问的中国国家主席习近平与塔国总统拉赫蒙一道,亲临该国首都杜尚别市由特变电工建设的2号火电站,共同为该厂一期工程竣工点火、二期工程开工奠基。

当时,正值塔国的隆冬枯水时节。在特变电工的高速建设下,杜尚别市2号热电厂一期工程1号机组于2014年1月10日提前竣工发电供暖。1号机组发出的强大电流让严重缺电的首都地区,如同久旱的土地迎来了甘霖。在竣工仪式上,拉赫蒙总统用一句深情的话语表达了塔国人民的感谢:"这是冬天里中国人民送给我们最好的礼物!"

在"丝绸之路经济带"建设中,特变电工做出的贡献不仅仅在塔吉克斯坦。2012年8月1日,中吉两国最大的能源合作项目、特变电工承建的"达特卡—克明"500千伏输变电工程隆重开工奠基,时任吉尔吉斯斯坦总统的阿坦巴耶夫出席仪式。该项目是吉国水电兴国及民生改善战略的重要组成部分，是吉尔吉斯斯坦国家重大项目、重点工程，事关吉国经济社会可持续发展，也是中吉两国互联互通基础设施领域合作的重大项目。

2013年7月3日，"吉尔吉斯斯坦南部电网改善项目"竣工仪式在贾拉拉巴德州的阿克曼镇达特卡500千伏变电站隆重举行。该项目对巩固和提升中吉双边经贸关系意义重大，将使吉国南部形成独立的电网，极大改善当地电网的输配电能力，提高南部水电站的送出能力，提高供电可靠性与安全性。改善该地区用电状况及当地人民的生活条件。同时，也为其水电兴国战略的实施搭建了空中高速公路和传输渠道。

近年来，哈萨克斯坦经济发展迅速，但是电力问题一直都是其经济快速发展的掣肘。由特变电工新能源公司承建的500千瓦电站已在哈萨克斯坦国家电网稳定运行，该电站是哈萨克斯坦建成的第一个光伏并网电站，为其电力市场的发展完善注入新的发展活力。

2014年6月28日，在"新丝绸之路"的"支线"——印度，中印友好年的重要经贸合作成果——特变电工印度能源公司一期工程特高压变压器研制基地正式落成，具备了在印度生产交流1200千伏、±1000千伏直流特高压装备的研制能力。这是迄今为止中国在印度最大的投资项目，也是特变电工在输变电领域投资建设的最大工业园区，该园区将全力服务于印度国家主电网及南亚区域电力建设。

"特变电工在不断发展壮大的过程中，国际化发展路线已经非常明显，而国际化发展路线尤其离不开大企业的责任和担当。"张新如是说。

秉承建一个项目、做一个精品、筑一座丰碑的理念，特变电工在为世界能源事业提供绿色科技、智能环保、可靠高效的高技术、高附加值的产品和服务的同时，不忘企业社会责任，积极参与到项目所在地的社会公益事业中。在塔吉克斯坦、吉尔吉斯斯坦、埃塞俄比亚等项目所在地，特变电工捐建希望小学；在赞比亚、肯尼亚等地，与当地共建小学，捐建图书室、电脑室，提供桌椅、书籍、教具等基础设施；在印度，出资支持失学女童重返校园，竭尽所能为当地孩子提供完善的学习环境，让更多的孩子通过读书改变自己和家庭的命运。同时，还积极投身于当地的基础设施和民生改善的相关活动。

在塔吉克斯坦、吉尔吉斯斯坦，特变电工帮助当地居民修桥建路，引进蔬菜大棚种植技术；在印度，为所在地捐建水利工程，改变吃水难的困境……每到一个地方建设项目，特变电工都会把培养本地员工，帮助他们掌握先进的电站、电网运行经验，作为项目的最重要组成部分。特变电工人还举办各类培训班,提供中国最先进示范项目的学习机会,帮助各国培养一支掌握现代电力运营维护的专业化团队。

"光明的使者,传递着伟大中国人民的深情厚谊。"这是无数个项目所在国民众,对特变电工人的共同评价。

这是特变电工大力提倡"诚则立、变则通、康则荣、简则明、和则兴"的"五则"世界观的成果。在推进"丝绸之路经济带"建设上,特变电工努力将自身优势转化为中国企业与中亚各国的务实合作,打造利益共同体。

未来,特变电工将继续把成熟先进的电力标准、技术与亚洲各国共享,促进亚洲各国经济发展、基础设施加强和民生改善,让周边国家得益于中国的发展,将"中国梦"同周边各国人民过上美好生活的愿望通过电力连接起来,让命运共同体意识在"丝绸之路经济带"各国落地生根,实现中国与亚洲各国的互惠互利和合作共赢。

4."一带一路"上的行业领跑者

在特变电工创业20年时,张新在《特变电工——我的大学》一文中详细回溯了自己在特变电工走过的

20年时光。他在文中写道:"新疆已成为我国的资源基地、能源基地,成为我国面向中亚、南亚发展的战略基地,把新疆建设成为这一区域的国际化大都市,牵引这一经济圈崛起的各项战略已全面铺开。这一国家战略,为我们在新疆的输变电、新能源、新材料三大产业的发展提供了千载难逢的历史机遇。特变电工20年创造发展,为我们提供了借助这一平台腾飞的翅膀。今天的特变电工人已拥有了最好的发展平台,如果我们不珍惜,不创造不发展,还想到什么样的环境中去发展呢?北京好,上海美,与你有什么关系呢?没有创造它的昨天,有理由分享它的未来吗?如果我们不去奋斗,不去创造,不去用双手建设我们的家园,再过10年、20年,乌鲁木齐的繁花似锦,与我们又有什么关系,我们又如何分享它的发展呢?"

如今再看,这段充满激情、踌躇满志的话依然是对他自己及特变电工每一个人的鞭策和鼓励。

在张新看来,面对时代变化,抱怨、等待和变革三种人选择不同,命运也会不一样,只有大家都开始主动求变、主动创造、主动创新,才会有发展和进步。

通过几年的技术创新,特变电工已具备了和国外任何大公司同台竞争的实力。张新介绍,特变电工现已具备自主研制特高压交直流变压器、电抗器、套管、互感器、1000千伏特高压绝缘架空线、1100千伏及以下高压交联电缆、扩径导线及母线、输变电智能化组件等全系列输变电产品的能力，装备水平、试验检测手段及自主研发能力均处于行业领先水平。

"对特变电工来说，特高压产品研制前无古人，亦无洋人，它的每个项目都是创新工程。理论创新、方法创新、技术创新的解决方案需要一次投入成功，产品创新要可控、在控、能控，使每个项目都成功地工程化、产业化，这是非常难的，是巨大的挑战。"张新说。

在特高压产品研制这条艰难而光荣的创新道路上，张新分享了几个可以成功应对并赢得挑战的"法宝"。

第一就是坚定必胜信念。第一台1000千伏变压器试验失败了，特变电工非但没有气馁，反而更加努力，与国家电网公司专家一起总结原因，迎难而上，合力攻坚。

第二是开展联合攻关，吸纳众家所长。在国家电网公司的有效组织下，特变电工积极利用其产学研用相结合的开放式创新网络，聚集大学、研究院所和用户端，以及中外优秀企业一起联合攻关，实现关键技术突破。

第三是坚持对创新资金的大力投入。创新的代价是高昂的。为了取得掌握众多第一手研制参数，特变电工投资共30亿元建了两个实验基地，做了许多台样机，进行了上千次工程试验，试验中被击穿的线饼、线圈无以计数。特变电工坚持将每年销售收入的4%作为科技创新的资金投入,确保科技创新工作的可持续性。

2014年,特变电工国家特高压变电技术工程实验室获批成立。通过特高压产品的研发生产,直接带动了特变电工等一批国内电力装备制造业企业的技术升级,其产品的升级换代获得了强大的技术支撑,企业综合实力和品牌影响力逐步提高,占领了世界特高压技术的制高点。

正是依托这些"中国头一份,世界独一份"的首台(套)工程项目创新实践,通过引进消化吸收和再创新,特变电工在世界上率先掌握了特高压成套设备制造的核心技术,自主创新能力、制造水平显著提升,一系列重大科研项目获得突破,一大批高端技术成果实现产业化,从零开始一步一步占领了国际制高点。

在2016年第五届中国—亚欧博览会科技合作论坛上,30多个国家和国际组织的230多名中外嘉宾齐聚特变电工总部科技研发基地,就"一带一路"沿线国家能源国际合作、基础设施建设、民生领域技术交流分享、推动成果产业化等议题展开交流研讨。

论坛期间,特变电工签署授信协议、合作意向书、合作谅解备忘录共计13项,涉及金额249.6亿美元。同时,与"一带一路"沿线国家和地区的政府高层、商界精英、专家学者一道,共商"一带一路"发展大计。

2017年5月,习近平主席在"一带一路"国际合作高峰论坛圆桌峰会上致辞说:"在'一带一路'建设国际合作框架内,各方秉持共商、共建、共享原则,携手应对世界经济面临的挑战,开创发展新机遇,谋求发展新动力,拓展发展新空间,实现优势互补、互利共赢,不断朝着人类命运共同体方向迈进。"

围绕"一带一路"倡议,立足新疆丝绸之路经济带核心区建设,张新带领的特变电工充分利用两个市场、两种资源,实现了由单机制造向系统集成,再到中国电力标准的全面输出。打破了欧、美、俄跨国企业对标准的垄断,实现高新技术产品成功进入美国、俄罗斯、印度等60多个国家和地区。为塔吉克斯坦、吉尔吉斯斯坦、菲律宾等20多个国家和地区,提供了涵盖电网、电源建设的成套项目总承包服务。

特变电工始终引领绿色、智能输变电技术的世界发展方向,已成功把节能化、智能化、自动化的电力建设技术与世界分享,树立了中国重大装备制造业的世界品牌,实现了由"中国制造"向"中国创造",由"装备中国"向"装备世界"的新跨越,国际业务收入和制造服务业收入已经占到总收入的30%以上。

在市场的多元化扩张上,特变电工也有着自己的思考和清晰的战略。张新表示,今后,特变电工将更加紧密结合"一带一路"倡议,加快海外布局和发展,加大中国先进电力标准输出力度，力争到2020年实现海外业务占比达到50%，努力打造一个世界级的高新技术企业集团。

百舸争流，破浪者当先。张新掌舵的特变电工这艘巨轮，在"一带一路"的大潮中，正在扬帆远去！

（王新红）

全球信息高速公路的建设者——王建沂

1. 打造"中国智造"的标杆

"我们国家和民族错过了第一次工业革命和第二次工业革命的历史机遇。我们把握住了第三次工业革命的浪潮，我们与世界发达国家和民族在同一起跑线上，正在从'制造大国'向'制造强国'演进。"

当下以及未来，以"大数据""信息化"和"智能化"为核心的互联网经济，正锐不可当地改变着人们的学习、工作和生活方式，必将影响人类社会未来的发展进程。

在今天国家供给侧结构性改革的背

富通集团有限公司董事长王建沂

景下,创新显得尤为重要。富通集团有限公司董事长王建沂认为:"当下,我们的国家和民族正在全面把握以'中国制造2025'为核心的战略机遇,从'中国制造'向'中国智造'跨越,推动着中华民族伟大复兴'中国梦'的历史进程。"在王建沂看来,"创业创新,是一个永恒的话题。一个不能把握人工智能的实体经济和企业集团,将退出历史舞台。"

富通及其创始人

富通集团有限公司(简称"富通集团")创立于1987年,至今已有30年的"创业创新"历史,是一家总部位于浙江杭州市的民营股份制企业集团。

富通集团有两大主业,第一大主业是光通信线缆传输(光纤预制棒、光纤、光缆),第二大主业是能源电力传输(中、高压和超高压电缆)。它是全球智慧城市建设、能源电力以及面向国家"一带一路"倡议中信息和能源电力基础传输材料的重要提供者。

富通集团有总资产250亿元人民币（截止到2016年底），2016年合并海外事业实现营业收入超过300亿元人民币。富通集团有30家实体工厂，其中有15家是国家级高新技术企业（含申报中）。

王建沂先生是富通集团的创始人，现任富通集团有限公司董事长，第十一、十二届全国政协委员，全国工商联常委、中国民营经济国际合作商会副会长、浙江省工商联副主席、第一届浙商总会副会长。

王建沂先生创立的富通集团，已是全球前列的光通信（光纤预制棒、光纤、光缆）企业集团和中国电力线缆传输行业前列的企业集团。

1982年，王建沂先生从学校毕业后，在杭州富阳邮电局工作，担任线路传输技术员。在工作中，王建沂潜心学习和钻研通信线路知识，自此与通信行业结下了不解之缘。

1987年，在父母亲的支持下，王建沂毅然走出了人生道路中"创业创新"的第一步，创建了富通集团的前身杭州富阳通讯材料厂，从事通信电线的制造。

创新的脚步永不停

"天道酬勤"，依靠坚韧不拔的品格和坚守创新的精神，王建沂把握住了通信技术每一次发展的脉搏，使企业走上了快速发展的轨道。

1990年，王建沂迈出了技术革新的第一步，放弃了当时产销两旺的铁芯电话线产品，通过与国内某科研单位合作的方式，成功开发出了铜包钢电话线产品，并迅速抢占市场，为企业带来了可观的收益。

1992年，王建沂开始研发制造市话通信金属电缆产品。

1993年，王建沂带领技术团队向某科研院学习、取经，着手研制通信光缆产品，实现了信息传输材料领域"质"的突破，开创了浙江省光缆生产的先河。

1994年，已经初具规模的杭州富通集团公司正式成立。

1995年，富通与当时日本六大电线电缆企业集团之一的昭和电线集团达成合资合作，成为中国金属通信电缆行业前列的制造企业。

1998年，富通开始实施光通信产业的上游——光纤产品的技术突破，当年成功研制了光纤产品，成为中国最早掌握光纤制造技术的民营企业之一。

技术创新是企业发展的持久动力，这是王建沂在创业之初就悟出的道理。当时，中国的光纤、光缆行业处于快速增长期，行业的超高速发展让富通获得了丰厚的回报。此时的富通，也已成为中国光通信行业发展领域的佼佼者。

2000年，王建沂率领技术团队开始攻克全球光通

富通集团总部研发大楼

信产业的核心——光纤预制棒技术难关,突破光纤预制棒技术的壁垒。

光纤预制棒的创新,不是简单的产品创新,它是一个综合系统集成的创新,涉及设备、工艺甚至是基础材料等方方面面。

2001年底,富通集团全合成工艺生产的光纤预制棒研制成功,不仅突破了光通信产业的瓶颈,更带动了整个中国光通信产业的转型升级,富通集团借此确立了在行业内的领导地位。

2002年底,富通光纤预制棒项目承担了国家"863"计划,并形成了规模化,批量制造。

2003年,富通光纤预制棒项目获得了当时由国家信息产业部颁发的"全国信息产业重大技术发明奖"。

2007年,富通光纤预制棒项目荣获"国家科技进步二等奖"。

2008年，富通集团与全球500强企业住友电工达成合资合作，参与全球竞争。

2013年，富通集团主导制定了中国光纤预制棒的技术标准，实现了从产品制造到标准的制定。

光纤王子

由于富通集团突破了光纤上游的光纤预制棒技术，并实现了规模化生产，使得中国光纤产品的制造成本迅速降低，光纤产品价格也随之下降。每芯公里的光纤产品价格，从2000年的约1200元/芯公里，降至2003年的300元/芯公里左右、2009年的150元/芯公里左右，2016年降至不到100元/芯公里。迅速降低的光纤产品价格，为在全国推进以光纤通信网络为基础的互联网建设奠定了基础。光纤制造的技术创新使王建沂坐上了"光纤王子"的宝座。

近20年是我国经济高速发展的时期，也是通信行业高速发展的时期。我国的光纤产品消耗量，从2000年的300万芯公里/年，猛增到2016年的约2.4亿芯公里/年。正是由于以富通集团为代表的国内几家光通信企业掌握了光纤预制棒研制技术，才使得国内光纤产业摆脱了受制于人的局面，也为我国的信息化建设节约了数千亿元人民币的建设成本，为国家信息化建设作出了重大贡献。

当下的富通集团，已是中国光通信产业领军企业，并形成了从上游光纤预制棒国家标准制定，到核心产品光纤预制棒研制，再到光纤产品的规模化和光缆产品差异化、规模化的发展格局。

富通集团在光通信领域发展的底气，除了来自核心技术上的突破，还来自对产业未来可持续发展的谋篇布局。近年来，在产业发展过程中，王建沂开始构筑面向企业未来可持续发展的产业布局。

2. 实业报国，铺设全球信息高速公路

摘取电缆技术皇冠明珠——高温超导电缆

2011年以来，王建沂带领富通集团开始实施"双主业"战略。富通集团的"双主业"战略，就是在巩固光纤通信产业的基础上，发展以"高温超导电缆，中低压、高压和超高压电缆，海洋光电复合缆，精密铜材和民用产业电线"为核心的"五位一体"的能源电力线缆传输产业，以此作为富通集团发展的"两翼"。在全球信息化和城市化进程加速推进的过程中，富通集团的"双主业"战略已经成形并正在快速集聚形成竞争优势。

与产业发展并驾齐驱的，是富通集团在技术创新领域的持续投入和积淀。当下，富通集团正在积极做

富通集团光纤预制棒生产现场

好未来战略性新技术的预研和布局。富通集团联合合作伙伴在天津滨海新区建成了二代钇系列高温超导电缆传输应用验证试验线。同时,正在积极布局未来五至十年的战略性技术,集中力量研制储能技术和海洋光电复合缆技术。

"实体经济是国家经济发展的基础,产业报国是富通集团的追求与使命。"正处于而立之年的富通集团,正当朝气蓬勃之时,为推动民族光通信产业的不断发展而努力,赢得世界对中国制造的尊重,这将会是几代富通人"矢志追求"的目标。

得益于"一带一路""宽带中国""互联网+"等国家战略和产业发展的大环境,富通集团光通信主业产销两旺，规模化地保障和供给国家的信息化网络建设。

雄心勃勃的光通信全产业链计划

面向未来，富通集团正在遵从以"创新、协调、绿色、开放、共享"的"五大发展理念"为总战略，以创新驱动和智能智造为引擎，实施光通信领域的"互联网+人工智能"。

基于此，富通集团正在浙江嘉兴（嘉善）探索和实践"区域块状经济"的转型升级和发展。在浙江嘉兴（嘉善），富通集团投资超过50亿元人民币的光通信全产业链项目正在紧张建设之中，在2017年底局部全面达产。该项目以"纵向整合"光纤通信产业领域的上、中、下游产业链，"横向联合"15家产业链配套企业，导入人工智能，将"制造技术、自动化技术和信息化技术"三者融合，形成以"机器自主者"为核心的智能制造，践行"中国制造2025"战略。同时，探索和实施"产业组织模式、生产制造组织模式和市场（商务）模式"的创新，打造全球单体规模最大、竞争力第一的光通信全产业链工厂。项目全部投产后，预计年销售额将超过100亿元人民币，将极大地提升中国光通信产业的整体竞争力。

富通集团光通信全产业链项目，是富通集团在光通信领域的一次全新探索和创新，也将是中国光通信

（光纤预制棒、光纤、光缆）制造行业的一次革命。该项目是富通集团打造面向2025年具有全球竞争力综合线缆企业集团战略目标的重要组成部分，也是富通集团在"十三五"时期的战略性项目。

2018年，富通集团将成为全球单体规模最大的光通信企业集团，约占全球市场份额的25%。

2019年，富通集团将成为全球单体规模最大、竞争力第一的光通信企业集团，成为代表中国在光通信产业领域的国家竞争力。

"一带一路"全球布局

在全球化的大背景下，富通集团经历了从在国内市场的国际化合作，到"走出去"形成全球布局。富通集团是中国民营企业实施"引进来""走出去"互相结合，并成功发展壮大具有代表性的企业。目前，富通集团正在迅速地建立相互独立又互相补充的国内和国际两个市场，以此并驾齐驱地推动富通集团在全球市场的均衡发展。

2003年，富通集团在香港设立了高科桥光通信有限公司，成为香港唯一的一家光纤制造实体企业，代表了中国先进制造的水准，也成为面向国际市场坚实的总部基地。

2008年，富通集团成立了富通集团（香港）管理总部,依托香港的国际化优势,集聚资金、产业、技术和高端人才,全面布局国际市场。

2012年,富通集团在泰国建成了东盟地区规模最大、最先进,品种最为完整、最具竞争力的现代化光缆工厂,并建成了高品质、全面的光缆检测中心。

富通集团在东盟的市场份额约占20%,在泰国的市场份额约占40%,在柬埔寨的市场份额约占50%,在缅甸的市场份额约占60%。

如何让富通集团在"走出去"的同时提升全球竞争力,王建沂有着更多的思考。按照富通集团的国际化事业规划,富通集团将背靠国内的庞大市场,积极布局北美洲、南美洲、非洲、欧洲、大洋洲五大洲,

富通集团电力线缆生产现场

实施以光通信"互联网+人工智能",光纤、光缆智能制造的"模块单元"为基础,"产销合一""互惠互利""合作共赢"的国际市场销售基地。

作为信息高速公路的建设者,富通集团的光纤、光缆产品已经广泛应用于全球的信息化网络建设,产品应用覆盖东盟、南亚、非洲、欧洲、美洲和俄罗斯等50多个国家和地区。面向中国与全球的互联互通,王建沂表示,他将继续带领富通集团,紧跟国家"一带一路"倡议"走出去",积极参与"一带一路"沿线国家的基础设施建设、城市化建设和信息化建设。主动把握"中国东盟互联互通"的发展机遇,在立足泰国的基础上,探索产能梯度转移,积极面向覆盖东盟和南亚20亿人口的市场需求,提升东盟和南亚市场在富通集团国际市场份额中的比例。探讨参与"中非共建非洲信息高速公路项目"建设,积极服务于全球的信息化建设,努力为国家发展战略服务。

3. 商之大者,为国为民

"商之大者,为国为民。"作为党和国家改革开放政策的实践者和受益者,自创业以来,王建沂带领富通集团始终坚持"守纪律、讲规矩、懂感恩、知敬畏",以"忠诚、执著、担当、责任"的精神,推动企业发展和技术创新,自觉、主动履行企业环境责任和社会责任。

2012年,富通集团出资成立了非公募、封闭式的,每年在集团内滚动增加的浙江富通感恩慈善基金会,主要面向扶贫济困、精准扶贫、赈灾救灾等社会公益和慈善事业。30年来,富通集团在社会公益、慈善和光彩事业等方面的捐款、捐物累计数亿元人民币。

多年来的坚守与创新,王建沂赢得了人生和事业中的多个"光荣瞬间"。他先后荣获"全国劳动模范""中国光彩事业奖章""国家科技进步二等奖""中国光彩事业突出贡献奖""首届杰出浙商""全球浙商金奖"等多项荣誉。

在新的历史发展时期,王建沂对自身以及富通集团提出了"五个目标"的要求,即:争做"党建强、发展强"的模范,争做"合法合规、正派经营"的模范,争做遵从"五大发展理念"的模范,争做遵从"亲""清"新型政商关系的模范,争做积极履行企业社会责任的模范。从企业合规经营、法治建设、创新建设、环境建设、社会责任建设等多个维度,构建富通集团未来可持续发展的新格局。

王建沂表示,富通集团的战略目标是,将富通集团打造成为一家具有全球竞争力的综合线缆企业集团,争做一家受社会尊敬、可持续发展的百年企业。

面向未来,王建沂将继续引领富通集团全面把握新的历史方位,锤炼新的"浙商精神",树立正确的人生观、价值观和世界观,以责任和担当,继续推动产业和技术进步,"永葆初心、砥砺前行",人生出彩,实现"富通梦",为社会、为国家、为中华民族伟大复兴的"中国梦"做出应有的贡献。

(方　琦)

"一带一路"脑外脑——王辉耀

引 子

王辉耀博士的人生如他的名字一样闪烁着熠熠光辉：教授，博士生导师，国务院参事，中国与全球化智库（CCG）创始人兼理事长，西南财经大学发展研究院院长，中国国际人才专业委员会会长，欧美同学会副会长、中国留学人员联谊会副会长，欧美同学会建言献策委员会主任，人社部中国人才研究会副会长，商务部中国国际经济合作学会副会长，九三学社中央经济委员会副主任，中国华侨历史学会副会长，国务院侨办专家咨询委员会专家，中华海外联谊会

中国与全球化智库主任王辉耀博士

常务理事,北京市政协顾问,哈佛大学校友中国公共政策论坛主席,联合国国际移民组织(IOM)顾问等丰富的职业和社会职务令人赞叹其充沛的精力和多元化的才能。

翻开其履历,从插队知青,到恢复高考后首批大学生,到中国经贸部官员,到首批赴海外就读MBA学位,并在海外获得工商管理博士学位的中国人,到加拿大中国留学生出任跨国公司高管的首批中国人和代表加拿大魁北克的首席经济代表,到最早一波回到祖国怀抱、以创新贡献力量的"海归",再到首批中国国际化智库的创建者,再到"千人计划"人才引进计划最早的呼吁者,王辉耀职业生涯中的无数个令人赞叹的"首次"和"首批",写满了他敢为人先的勇敢开拓精神和对每一个新时代新机遇的深刻洞察。通过教育拥抱开放的中国与多元的世界,通过创业用国际化经历贡献祖国发展建设,通过智库建言沟通中国与海外人才的桥梁,王辉耀博士用他充满跨界思考的人生，诠释具有全球化视野的中国智库领导者如何推动中国的进步，如何在新时期推动"一带一路"建设和新型全球化的发展。

1. 以超前眼光开启中国与世界

王辉耀的职业发展历史与中国改革开放进程紧密相连，他以犀利的目光捕捉改革进程中的每一个融入世界和连接中国与世界的机遇，在职业生涯中写下一串令人赞叹的"首次"和"首批"，成为同龄中国人中最了解世界的佼佼者，也因为对世界的接触，成为最能启发中国改革开放与发展的先行者。

成为自我命运的把握者

王辉耀一路的成长历程，都镌刻着以知识和眼光改变命运的坚定决心。1976年，王辉耀高中毕业曾在四川金堂县插队一年半，当时住的是茅草房，吃的是撒了盐的稀饭，每月仅配给半斤煤油以供照明，饮用的也是井里面不卫生的生水。那时候的他对生活与命运有许多不解，靠着听广播和看《参考消息》连接自己与外面的世界。尽管想不通为什么中国当时的发展与世界背道而驰，但他坚信历史发展的客观规律，在众人学业荒废的岁月里依旧努力学习文化课知识。

1977年，恢复高考给予他重新思考人生方向的机会，他报考了英语专业。1978年初春，他终于在竞争激烈的77级高考中突破重围，如愿以偿地考取了当时全国最好的三所外语学院之一——广州外国语学院。王辉耀成了这场"中国有史以来录取率最低的高考"的获益者，成为"文革"后广州外国语学院首届大学生。

进入大学，攻读英美语言文学专业的王辉耀在浩如烟海的外语文学著作中如痴如醉。在广州外国语大学学习的四年，是他精神世界不断激荡和迸发的四年。从书中酣畅淋漓地汲取营养的他，即便每天仅睡5到6个小时也甘之如饴。

20世纪80年代初的广东是中国改革开放的前哨，广州成为新中国"开眼看世界"的新窗口。改革开放的冲击对曾在公社插队的学子们来讲是颠覆性的，身处开放性城市中，校园的高墙无法将莘莘学子与中国向国际化开放的大势隔绝开来。埋头专心读书的同时，王辉耀也开始接触并认识多元的国际化元素与社会的缤纷繁杂。从一个插队青年到初识国际化大势的新青年，他的知识、眼界、心胸都经历了一场开放与洗礼。他时刻关注着改革开放初期中国社会的躁动与争论，也常常静默思考人生的要义。

中美建交后，王辉耀敏锐地意识到，中美两个大国建交将格外需要对外交往人才。20世纪80年代国家对就业分配大包大揽，大学毕业生本不必为自己的未来走向做任何努力，然而王辉耀的机遇是自己争取来的。因为听说外交部招应届生，他千里迢迢坐火车到北京，到外交部争取机会，结果外交部没进去，他又争取到在外经贸部工作的机会。

作为新人，日复一日的卫生打扫和外事接待在所难免，王辉耀坚信中国改革开放给予外经贸部这个国际窗口和平台的价值。他时刻准备着，白天工作，晚上都在翻译世界银行资料，熟悉自己的专业。半年后，世界银行到外经贸部讲课，大家因为诸多难以接受的全新概念听得云里雾里。主办活动的司局领导让所有懂英语的人去做翻译。"养兵千日，用兵一时"，王辉耀靠着扎实的研究，将那些新的术语和专业知识翻译出来，一炮打响，从此在外经贸部国际经贸司大受欢迎，为相关讲座做专业翻译也成了他的看家本领。

走出国门后深度融入西方

在经贸部工作后，学外语和国际文化出身的王辉耀认识到自己的知识面还远远不够。当时中国学生只学过宏观管理，对企业管理闻所未闻，更不要提企业管理的相关教育。一次参加联合国讲座，王辉耀作为翻译，接触到纽约大学商学院院长。敏锐捕捉改革开放浪潮的王辉耀意识到了自己知识的短板，通过向这位院长积极争取,参加了一系列考试,获得全额奖学金赴加拿大攻读MBA,成为第一批赴加拿大读MBA的中国大陆留学生。

踏入加拿大领土的那一刻,王辉耀迎来了人生的第二次"冲击"——飞机落地后,另一番天地扑面而来。在国内不曾见过的超市里种类不同的报纸杂志、食品、日用品等应有尽有,高速公路十几个车道并行,私家车在道路上比比皆是,社会发展的巨大差异深深震撼着他,从而引发了他对中西方比较视角的思考。

学业与文化层面的挑战才是真正的难关。跨专业本就是个考验,更何况是在异文化语境下的跨专业。从英美文学跨界到MBA,文科出身的他攻读经管专业必须大量补课。于是,大量的阅读,钻研经典商业案例成了每天生活的必修课;适应中西方教育模式的差异也是他的难题之一。在这里东方人所推崇的"低调"和"自谦"是不吃香的,"个性突出"和"标新立异"才更吃得开。海外MBA教育给王辉耀开启了一个崭新的世界,他慢慢学着抛弃凡事一分为二的机械式讨论和填鸭式学习方法,参与课堂讨论和团队建设,从观念和思维习惯上接受全新的洗礼。

得益于他的勤奋,王辉耀很快适应了国外超负荷的学习状态,之后又到加拿大西安大略大学商学院攻读国际工商管理博士研究生,并前往美国哈佛大学商学院进修企业高级领导人研究。

读书期间，王辉耀意识到仅靠海外教育远远不够，而通过高质量的海外工作理解西方北美社会的职业精神和思维方式更为重要。经过研究，他发现加拿大帝国商业银行在世界500强中实力很强且行长有在日本和香港工作的丰富经验，他敏锐洞察到该行对亚洲市场的关注，于是把简历寄到了行长邮箱，然后通过面试得到了在加拿大第一个暑期工作。第二个暑期，王辉耀在企业家论坛听到加拿大某城市发展协会会长介绍即将接待中国市长访问团来访的消息，于是他找到这位会长毛遂自荐，成功取得认可。在一个多月的时间里，他一方面参与接待工作；一方面参与项目考察，既得以对西方北美社会深入了解，也因此掌握了熟练的语言能力，获得与当地社会进行深度交流的入场券。读博期间，王辉耀还拿到了去日本东京大型企业做国际管理咨询和培训的实习机会，领略了日本企业在20世纪80年代迅猛发展的国际化战略。

这些实习经历为王辉耀以后得以跻身跨国公司积累了丰富的经验，正如他在《开放你的人生》一书所说"人生就是滚雪球，后面的成功取决于前面的积累"。

开启多元职业生涯

靠着目标明确的努力和过人的远见，王辉耀在博士毕业后选择到加拿大最大和高度国际化的公司 SNC-Lavalin 工程和项目管理咨询公司工作。他利用自己对亚洲的深度了解开展业务，利用自己在亚洲和北美的背景在跨文化沟通领域做了大量工作，很快，他从经理助理升为经理而后高级经理。

积累了企业的经验后，1990 年王辉耀又获得加拿大魁北克政府面向社会招聘驻香港和中国首席经济代表的消息，他利用自己跨国教育背景和中外企业实践经历战胜上百位竞争对手，获得了这个职位，成为魁北克政府最年轻的首席经济代表。

1992 年，邓小平视察南方谈话，国内掀起风起云涌的变革和创业大潮，王辉耀从变革中看到无限机遇，认为自己在北美多年的教育和工作经验此时将由两个文化的夹缝转化为连接两种文化的优势，把自己的才能和专长放到市场中。经过一番思考，MBA 出身的王辉耀选择商务咨询作为自己公司的最先定位，在首席代表任期满后开启了创业生涯，成立和创办了亚加国际公司和美欧亚国际商务咨询公司。主要针对中国各类项目引进外资，其中包括引进国外政府数千万美元的赠款，参与了 50 多个几十亿美元在华的大中型项目，成为多家知名中外跨国公司的咨询顾问单位。1999 年，他又创办了中国最早最大的中英文项目网站——中国项目网 (www.SinoProjects.com)。2002 年，王辉耀被发改委《中国投资》杂志评为首届"中华海归十大创业人物"之一，得到了国家的鼓励。

特别值得一提的是，王辉耀利用自己如鱼得水游走于东西方的经历，为三峡工程和中国的发展建设作出贡献。三峡项目是王辉耀职业生涯中的华彩篇章——他不仅成功引进外资，还创造了三峡工程对外合作的四个"第一"。1992年，王辉耀所在公司的加拿大专家给出了有力建议，论证了三峡工程技术上的可行性、经济上的合理性，并认为建比不建好，早建比晚建有利，推动了1992年三峡工程在全国人大的审议通过。当三峡项目在利用外资方面遇到困难时，眼看两年多的工作成果即将付诸东流，王辉耀抓住时任加拿大总埋的克雷蒂安即将访华的天赐良机，签下3000万美元的加拿大政府贷款备忘录，使加拿大成为国际介入三峡的"领头羊"，更解了三峡工程急于开拓国际合作局面的燃眉之急。

容闳先生是中国留学生事业的先驱，一直被誉为"中国留学生之父"，他作为"中国留学的第一人"对推动中国的留学事业做出了重要的贡献。王辉耀作为中国改革开放早期踏出国门的留学生，一直对他十分敬仰，以容闳为榜样。受到容闳先生所开创的中国留学事业启发，王辉耀积极投身海外留学人员归国融入祖国的事业中。回国后，他第一时间加入欧美同学会，结识了一部分志同道合的人，立志一道为中国的留学和海归事业贡献一份力量。2002年，在一次陪同领导出国访问途中，王辉耀向领导提议创办欧美同学会商会，得到支持。2002年10月17日，欧美同学会商会正式成立，王辉耀被推选为创始会长，开辟了中国欧美同学会办会的新模式。

商会成立后，面对改革开放的不断深化，海归和国际化人士急剧增长，王辉耀开始思考如何提升商会的发展，如何搭建一个凝聚更高端海归的精英平台。当时正值国家高速发展时期，中国企业要在国际竞争中获胜，需要一大批国际化人才和团队。如何利用平台把海归精英聚集起来，为他们提供更大的舞台成为当务之急。就这样，王辉耀全身心投入创办高端海归的精英组织"2005委员会"筹建工作中。通过半年多的紧张筹备，2005年11月20日，"2005委员会"成立大会召开，王辉耀担任首届理事长。后来，王辉耀还担任了欧美同学会副会长、中国留学人员联谊会总会副会长和欧美同学会建言献策委员会主任，为欧美同学会和中国海归群体做了大量工作。习近平总书记在欧美同学会成立100周年讲话中高度评价了欧美同学会。目前，欧美同学会已经成为一个全国性组织，在全国拥有10多万会员，代表着500万中国海归群体。

随着全球化进程不断发展，中国改革开放进入深水区，国内企业"走出去"愈演愈烈，也面临更多的机遇和使命。王辉耀创办的"欧美同学会商会"与"2005委员会"以及"欧美同学会建言献策委员会"为中国发展大环境提供了一个融汇各国智慧、提供政策建言、联络国际交流、深化中外合作的平台。从创办企业、网站到创办欧美同学会多个组织，王辉耀一直以开放的态度审视自己的事业和人生。

但目光独到的他很快就认识到，仅有平台的搭建是远远不够的，在国际政治经济全球化趋势发展之初，中国社会发展更需要国际化的视角为中国建言，同时以中国智慧为全球献策。要真正使精英群体的智慧为中国社会发声，还需要一个专业性的组织机构通过联合国内外各界精英提出思想，以启迪教育公众和会集全方位人才。

2. 用跨界思路创办智库，开拓中国智库创新

"敢于第一个吃螃蟹"的民间国际智库先行者

20世纪80年代出国前后，王辉耀曾阅读了萨缪尔逊的《经济学》、托夫勒的《第三次浪潮》和奈斯比特的《大趋势》。读书和思考，指引着王辉耀一步步富有远见卓识的行动，丰富了他令人赞叹的人生经历。他的职业生涯横跨两大洲，更连接企业家、政府官员、

社会团体领导和智库等多个领域。丰富的跨界经历，让他对智库如何服务中国国际化建设有着深刻的认识。

个人与国家都需要智库提供思想的指引，获取前进的力量。"这是我的'中国梦'。"王辉耀说，"改革开放30多年来，中国的市场一改国有企业一统天下的局面，向民营企业和外资企业开放，搞活了经济，成为全球第二大经济体。同样的道理，在公共政策研究市场，为什么不能有民营社会国际化的智库呢？"王辉耀在一片疑惑声中，又一次成为"率先吃螃蟹的人"。

2008年12月23日，中共中央办公厅转发《中央人才工作协调小组关于实施海外高层次人才引进计划的意见》(即"千人计划")，围绕国家发展战略目标，从2008年开始，在国家重点创新项目、学科、实验室以及中央企业、国有商业金融机构、以高新技术产业开发区为主的各类园区，引进海外高层次人才，并有重点地支持一批能够突破关键技术、发展高新产业、带动新兴学科的战略科学家和领军人才来华创新创业。这是中国全球化人才战略的历史性举措。

这一年，任职中组部中央人才工作协调小组国际人才竞争战略研究专题组组长的王辉耀，从事了大量国际人才方面的研究，并直接参与了《国家中长期人才发展规划纲要2010—2020》的起草工作。被中组部领导邀请到中组部机关为中组部各部门领导讲课，获得很高的评价。在此之前，王辉耀已关注和研究海归人才十余年，并亲自实践成功创办高端海归社团，出版过十多部中国海归研究著作，被称为"中国海归研究第一人"。

王辉耀反复思考：如何促进海外人才回流与引进？如何帮助这些海归为国家献智？如何为全球化的中国搭建一个聚集各方智慧以进一步推动国际化发展的能量塔？

2008年，王辉耀与苗绿博士一起创办了中国与全球化智库（Center for China and Globalization，简称CCG）。CCG从创办的第一天起，便将中国的全球化战略作为智库研究方向，尤其注重国际人才研究和企业国际化两方面的相关研究。

筚路蓝缕，以启山林

和官方智库、高校智库相比，中国民间社会智库在整体影响力上仍处于明显弱势。对于不吃财政饭的民间智库来说，经费来源困难是首要的问题。CCG从2008年创办直到2012年，基本都处于亏损状态。曾经的"十大海归创业人物"的王辉耀放弃经商，全身心投入智库创建，每年都要自掏腰包上百万元人民币作为智库的运营经费。王辉耀曾坦言："我没把它当成企业来做，而是当成公益和毕生事业来做。没指望能有多大的商业回报，目标是达到一定的社会影响力以及政策影响力。"

除了资金，吸引和留住人才也是民间智库面临的问题。对于王辉耀来说，人才方面，除了要保证有竞争力的薪酬之外，还要靠专业化程度和职业成就感。从2012年起，《中国留学发展报告》《中国海归发展报告》《中国国际移民报告》《中国海外华侨华人专业人士报告》《中国区域人才竞争力报告》《中国企业全球化报告》等一系列蓝皮书陆续由中国社科院社会科学文献出版社出版，CCG成为国内出版蓝皮书最多的社会智库。"每一本蓝皮书都是开创性研究，其中大量的政策建议随后就能在公共政策中见成效，这让我们的研究人员有很强的参与感和使命感，参与其中就是在创造历史。"王辉耀说。

为了更好地探索中国国际化智库的发展，2010年，王辉耀曾在著名的美国布鲁金斯学会做了很长一段时间的访问研究员，一年后他又前往哈佛大学肯尼迪政府学院，担任高级研究员，专门研究国际新型智库的建设。2014年，基于他的这些研究成果以及其他智库同事对30多家全球一流智库的实地考察和研究，他和苗绿出版了《大国智库》一书。该书开创性地研究和分析了全球智库的发展概况以及中国智库发展所处的地位，对如何在中国建立智库提出了可操作性的思路和方案。该书由人民出版社出版后引发业内震动，成为近年来中国智库研究界和智库建设发展的重要参考文献。后来他和苗绿又出版了《大国背后的第四力量》，进一步阐述中国智库的独特优势。

2012年11月，党的十八大报告明确提出："坚持科学决策、民主决策、依法决策，健全决策机制和程序，发挥思想库作用。"一年之后，十八届三中全会更加明确提出建设中国特色新型智库，建立健全决策咨询制度。2014年10月，中央全面深化改革领导小组第六次会议审议了《关于加强中国特色新型智库建设的意见》，国内对智库的关注和探讨迅速升温，2014年被很多国内智库人士看作中国的"智库年"。2015年1月20日，中共中央办公厅、国务院办公厅印发了《关于加强中国特色新型智库建设的意见》。在王辉耀看来，这是我国历史上首次专门针对智库出台的意见，标志着党的十八大提出建立中国特色新型智库后，我国真正开始着手发展智库。中国智库的发展已经在政府推动下，进入了"真刀实枪"的实践阶段。而"社会智库"的概念也在官方文件中首次正式被提出，可以预见，社会智库也将成为未来中国新型智库大格局中的重要一环。

2014年，国家外经贸部原副部长、中国入世谈判首席代表、博鳌亚洲论坛任期最长的秘书长龙永图欣然应邀担任CCG主席。龙永图主席曾向媒体表示："个

王辉耀

人认为,我这一生已经做了两件有意义的事,第一件是帮助中国加入WTO,使中国对外开放上了一个新台阶;第二件是当了8年博鳌亚洲论坛的秘书长,打造了中国最知名的论坛;接下来我要争取让CCG成为国际上有影响的智库。"王辉耀认为,目前中国具有国内视野的智库并不缺,但缺少的是具备国际视野的。龙永图的加入,将推动CCG在成长为国际化智库的道路上更进一步。

一大批社会贤达和国内外知名的学者专家也纷纷加入CCG中来。作为第三方研究机构,CCG格外珍视自身的独立性,坚持以严格的学术规范和严谨的研究方法来实现研究成果的高质量,谨慎选择让公众受益的研究课题。经过8年多的发展,CCG凭借过硬的研究质量和成果以及高质量的智库论坛和研讨会活动赢得了广泛认可,已经实现了自我造血和维持运营的目标。王辉耀说:"CCG以不断创新的自身努力和成果吸引着众多一流的学者和企业家以及社会精英的加入,他们积极参与中国智库建设,成为CCG的重要贡献力量,国际化的理事队伍也成为CCG的一大突出优势。"

CCG自创办以来,向国家提交多份报告,多次建言献策,得到了中央最高层领导的批示,也推动不少政策的出台。2016年美国宾夕法尼亚大学发布的《全球智库报告2015》中,CCG在其中的中国顶级智库排行榜中位列第七,居中国社会智库第一;在全球智库综合排名中位列第一百一十位,并入选全球最值得关注智库100强和全球最佳社会智库50强。2017年CCG在该榜单的全球最佳创意和模式创新智库、全球最佳质量保证和完整策略及程序智库、全球最佳互联网应用智库等多个单项榜单中位列中国智库第一。

同时,CCG在国内权威智库榜单上也表现不俗,获得了国家权威核心媒体和知名智库研究机构的认可。CCG是唯一进入《中华智库影响力报告(2016)》影响力排名前10位的社会智库;2016年,入选"中国智库索引"榜单;在"2016中国智库治理论坛"上,CCG再次被《光明日报》和南京大学评为中国社会智库第一。今天的CCG已发展成为官产学结合最好最全面;网点最多,网络布局最好;每年出版蓝皮书最多,建言献策成果最多;做活动及国际交流最多;从方方面面在影响公共政策，具备较强研究能力的国内一流社会智库。

多元创新激发智库活力

CCG之所以能够成为中国社会智库发展的翘楚，得益于在智库运营模式上的创新，得益于在思想力、影响力和国际化上的不断建设与拓展，当然也得益于创办人和领军人物的格局和眼界。多年来，CCG在政策、社会、媒体方面的影响力不断提升，进入中国顶级智库的前列，受到全球范围内的广泛关注，为中国社会智库发展提供了一个极具研究价值的案例。

中国智库要成为有决策影响力的研究机构，还有赖于在重大公共政策的制定上，提供独立、专业、可操作、富有建设性的解决方案。这些年来，王辉耀带领CCG通过国家课题、政策报告和其他建言献策方式，影响和推动着政府相关决策和制度创新。

王辉耀还带领CCG积极在国内社会性智库中率先"走出去"，在香港设立代表和在华盛顿、纽约、法兰克福、伦敦与巴黎设立了海外代表，并经常在海外举办高规格国际研讨会，积极发挥中国新型智库的国际影响力。

全球化时代，智库在国际交往中发挥着重要作用，王辉耀认为在国际上出版专业英文研究图书，更是智库国际影响力的重要标志。在王辉耀的领衔研究及主持下，2016年CCG连续在国际权威出版社出版了三本英文研究著作，集中展示了王辉耀和所带领的研究组在企业国际化、人才国际化领域的丰硕成果，获得了众多业内国际学者、知名人士的高度评价和鼎力推荐。CCG在世界范围内传播研究成果，同时也是重要的国际民间外交和宣传的重要方式，对中国形象和软实力的提升具有重要意义。

王辉耀认为，随着全球化进程的不断加快，"二轨外交"对于国与国之间的关系所产生的影响已经越来越不容小觑。中国与全球化智库（CCG）积极推动"二轨外交"，拓展交流渠道，不断深化与各领域的多元化合作，更好传播中国声音，以"全球化理念、开放的视野"为宗旨建设最为国际化的智库，与美国及相关国际组织高级官员、智库和高校学者展开深入交流。

作为国际移民组织（IOM）国际顾问董事会10个理事中唯一一位中国董事，王辉耀是国内少有的在知名国际组织中担任高级顾问的中国专家。针对全球国际移民政策问题，王辉耀已带领CCG研究多年，他与同事们一起，长期就中国加入IOM、深度参与全球治理机制进行呼吁和建言，出版相关报告，举办相关研讨会。他也曾多次参加IOM会议，向由前政要、移民专家等各国代表组成的顾问董事会分享CCG在移民政策上的研究和经验,并力推中国加入IOM。

在王辉耀及CCG的不懈努力与参与推动下,2016年6月30日,国际移民组织举行特别理事会,通过决议批准中国政府和外交部的加入申请,中国正式成为该国际组织的成员国。在国际贸易上有WTO机制安排,在国际人口流动机制安排方面便有IOM,所以中国加入IOM对中国参与全球治理意义重大。中国加入IOM后,时任联合国秘书长潘基文第一时间发表声明欢迎中国这一举措。IOM也在2017年9月正式加入联合国系统。中国国家领导人多次强调"广聚天下英才而用之",中央和国家在2016年连续颁布三个与人才相关的重要文件,旨在加大外国人才来华引进力度,建立具有全球人才竞争力的优势和制度体系,都是CCG长期关注研究和推动的课题。"中国加入IOM带来的政策推动将极大促进中国在人口流动方面与国际接轨,有助于我国更好地解决国际人才引进相关的移民问题,更加广泛、高效地吸引并留住全球人才,实现具有国际竞争力的人才制度优势。更重要的是将有助于我国在全球移民事务管理中把握先机,提升全球治理能力和国际影响力,在国际移民领域发挥更大作用,真正为推动移民领域国际合作贡献中国智慧。"王辉耀如是说。

2015年初春,由于在智库领域的不懈努力,王辉耀作为智库代表被聘任为国务院参事,这对于他个人和CCG来说,都是一件意义重大的事。当从李克强总理手中接过聘书的那一刻,他清醒地认识到,这不仅是一份荣誉,更是一份沉甸甸的历史责任。成为国家50多位参事中的一员,为国家发展参事建言,CCG有了更顺畅的参事建言渠道,而王辉耀也是唯一一位来自社会智库的国务院参事。

3. 智库发展与"一带一路"建设

"一带一路"与中国机遇

对于中国提出的"一带一路"倡议,眼光一直超前一步的王辉耀有着自己独到的见解。目前,中国已经成为世界第二大经济体,中国必须具有全球视野、国际担当。而"一带一路"倡议所提出的是一种很具体的新的全球化的政策和愿景,为中国更好地融入世界,为中国下一个30年、50年的发展支撑,对未来的经济走向都将发挥极大的作用。他认为,全球化的1.0的版本不足以维护现有运行,这个时候就出现了全球化的2.0的版本,这里面包括了亚投行和"一带一路"。从1.0版本进入2.0版本,中国从原来的旁观者到参与者,到现在的积极参与者,甚至是引领者,中国的变化是巨大的。中国进入WTO后成为全球化最大的受益者，国际贸易增加了六七倍，GDP也增长了七倍左右，而对外投资则增长了七八十倍，中国在货物贸易方面已经成为全球第一大国，走到顶端的中国需要一个更大更新的战略。

在王辉耀看来，随着《推动共建丝绸之路经济带和21世纪海上丝绸之路的愿景与行动》发布，"一带一路"顶层设计已经有了，那么在接下来的落实工作中，要真正做到"一带"和"一路"，有四个方面很重要。第一，能否像毛泽东时代修建坦赞铁路那样，打造一条横跨亚欧的高速铁路，建立亚欧高铁国际建设集团，真正修出一条丝绸之路来。这个过程肯定要由中国牵头、投资，各国可以参股，共同受益。中国需要做出较大的贡献，才会得到各国的欢迎。第二，以"一带一路"对接中蒙俄、新亚欧大陆桥、中国—中亚—西亚、中国—中南半岛、中巴、孟中印缅6大经济走廊的建设作为突破口，打通一些国家，改善与周边国家的关系。第三，打造几个样板国和样板工程，如巴基斯坦、印度、哈萨克斯坦、吉尔吉斯斯坦、蒙古等，可以在这些国家发挥中国开发区和产业园等经验的合作，为以后的推进建设树立模板。第四，需要建立"一带一路"国际治理的国家联盟，有一个共同交流、协调的机制。

"一带一路"可以成为新的全球化治理模式，甚至是一个新的WTO多边机制安排或类似TPP的安排。"一带一路"在加强各国资金、基础设施、产能、人才和移民等方面合作意义重大,王辉耀认为,中国发起"一带一路"计划可以成为类似亚投行发起的倡导者,可以考虑建立"一带一路"国际联盟或者说"一带一路"国际委员会,建立"一带一路"的全球治理、区域治理的新秩序。现在需要将概念性的东西进行丰富和理清,从基础设施入手,建议国家加大资金和技术,先从丝绸之路建设开始,修建亚欧高速铁路,接下来进行国别对接、企业对接,从而赢得其他国家的响应和对愿景的支持。

"一带一路"与智库担当

2015年3月,国家发改委、外交部、商务部联合发布了《推动共建丝绸之路经济带和21世纪海上丝绸之路的愿景与行动》。王辉耀认为,智库在中国参与全球化的探索过程中扮演着重要角色。政府间的领导人太忙,无法有充裕的时间进行深入研究,政府与政府之间了解与沟通还不够,所以民间二轨的建设交流非常重要。智库可以探讨各种机制、方案、利益的平衡,如果两国或多国的智库达成共识,并提出优化建议,政府间的合作方向就更明确了,因此应该充分发挥智库在"一带一路"倡议中的作用。于是,2015年5月,CCG"一带一路"研究所成立,以通过开展研究、出版系列研讨会，给政府、企业等走出去提供智力支持。

CCG"一带一路"研究所定期举办了多场研讨会，曾围绕"一带一路"多个话题展开研讨，并发布了首个"一带一路"研究国别地图。此外，"一带一路"研究所的专家多次到沿线国家实地调研，从沿海上丝绸之路的东南亚、南亚、非洲十余国，沿陆上丝绸之路的中亚、东欧等带回诸多一手资料。

与此同时，CCG 诸多品牌活动也先后围绕"一带一路"课题开展，如"中国与全球化圆桌论坛""中国企业全球化论坛""全球化企业发展中国论坛（宁波）"等大型论坛，设置多个议题对"一带一路"倡议实施进行专题讨论，交流成功经验。

2015 年 CCG 企业全球化课题组发布《中国企业全球化报告（2015）》，提出中国企业在"一带一路"地区应加大投资规模，建议打造样板工程，推动"一带一路"倡议构想实施。蓝皮书推出了"一带一路"十大先锋企业，表彰这些企业在推进"一带一路"互联互通项目、加快基础建设等方面做出的突出贡献。另外蓝皮书在对策篇——《"一带一路"的地缘政治风险与防范建议》中从立法、国际人才开发、"走出去"融资等角度对"走出去"的中国企业提出建议。2016 年，在《中国企业全球化报告（2016）》中，CCG 调查了"走出去"的中国企业参与"一带一路"建设的态度，以专题论述的形式进行了研究分析并提出相关建议，并发布了"2016年'一带一路'十大先锋企业榜单"。

对外方面，CCG还积极就"一带一路"问题开展民间二轨外交。比如，接待印度尼西亚8大智库并开展访问对话，同时还分别开展了孟加拉智库和台湾智库的专场对话。在对话中就"一带一路"倡议交换意见，并就相关研究进一步开展合作。此外非洲开发银行行长也到访CCG，共同探讨中非双方合作的契机。

当"对内经济转型、对外大国崛起"成为新时代的鲜明特征时，中国的决策层面临着一系列前所未有的新课题与新挑战。这就需要高水准的新型智库提供准确信息、专业知识与深刻思想，也需要智库以独立第三方的身份担当民间外交的使者，搭建国际交流平台，开辟高层对话的第二轨道。

2015年12月，CCG被"'一带一路'百人论坛"评为"一带一路"十大智库。2016年10月，发改委国家信息中心《"一带一路"大数据报告》，CCG入选国内"一带一路"重点智库，同时王辉耀也被选为《"一带一路"大数据报告》"一带一路"发声最多的20位专家之一。作为CCG主任和创办者，他在参与"一带一路"课题调研的组织与开展中倍感意义重大。

4."一带一路"与人才兴国

接受东西方文化熏陶的经历启发王辉耀用独到的眼光为中国的发展做出贡献。一系列国际化的经历，让他对中国与全球化以及国际人才有了更加深刻的认识："有人说我们像蝙蝠，非兽非鸟，但正是这种新型人才打开了另一片风景，一种国际化、中西合璧的状态……我们在东西方之间飞行的航线，也就是我们事业的航线，人虽然在天空中飘荡，但事业却在大地上生根发芽。"

人才是国家发展的不竭动力。在全球化发展的今天，国际人才跨区域、跨专业流动的今天，我们早已不是在13亿人中选人才，而是在全球70亿人口中争夺人才，我国人才政策凸显"国际化"特征。党的十八大报告提出建立"具有国际竞争力的人才制度优势"，集聚人才在"一带一路"建设中也必将扮演着不可或缺的重大作用。

"从'出国热'到'海归潮'，除了怀家念国的天然情结，其背后也有中国综合国力大幅增强后所带来的引力，以及为个人提供的巨大发展空间。"作为长期关注和研究海归现象的中国欧美同学会副会长王辉耀如是说，"对今天的海归来讲，可说是赶上了百年难遇的好机会，如何把握这样的机会非常重要。"因此CCG

的留学海归与人才国际化研究项目中，专门就"一带一路"的人才课题进行了充分调研。2015年，CCG出版了《中国留学发展报告（2015）》蓝皮书，特别指出为满足"一带一路"倡议的人才需求，建议亚投行设立"一带一路"留学基金，加大留学教育的投入，培养国际人才。

"一带一路"的智慧储备不仅仅为留学生，王辉耀同时预见到在"一带一路"划时代进程中，华侨和海外华人凭其独特身份及资源优势，势将成为"一带一路"倡议中不可或缺的建设力量和智慧储备。他认为，永久居留制度的完善和与国际接轨，是衡量一国人才制度竞争力的最重要的指标之一。在美国、加拿大、澳大利亚以及欧洲发达国家，能否获得永久居留权已经成为选拔移民人才的重要标准，变成了国家向移民发放的一种"福利"。我国的外国人永久居留制度的完善，是我国有自信、有能力广纳天下英才的体现，也是提升我国人才制度的国际竞争力的重要基础。

随着我国日益成为外国人才目的国，特别是各地区非法移民数量逐渐增加，王辉耀认识到当前建立国家移民局的时机已经成熟。他认为移民局不仅可以统一管理外国人签证、居留、移民等事务，保障来华移民的正当权利，还可以以此为平台建立国际人才信息库管理海外国家猎头，以方便国际人才研究。基于此，他一直致力于我国移民局的设立工作,为建立移民局而奔走。2016年,CCG《关于成立国家移民局的建议》受到习近平主席、李克强总理、张高丽、栗战书、王沪宁等领导批示。

此外,应中央统战部领导要求,CCG先后协助"'一带一路'留学人员国情考察服务团新疆行、广西行"进行策划并编制《参考手册》,并分别就新疆、广西参与"一带一路"建设提出专题建言。CCG编撰出版《建言献策参考》,在加快推进"一带一路"倡议,重视开发华人华侨和留学生在"一带一路"倡议实施中的作用,建立风险咨询信息机制,加强企业政治风险防范,以旅游和人才为抓手促进"一带一路"倡议实施等方面均提出建议,递交相关部门。同时,还与华侨大学国际关系学院联合发布《搭桥引路:华侨华人与"一带一路"》,宣传推广涉侨研究,进一步发挥涉侨智库作用。

为深化社会倡导,王辉耀出版了一系列有影响力的著作,包括《国际人才竞争战略》《海归时代》《当代中国海归》《海归推动中国》《开放你的人生》《人才战争》《建言中国——海外高层次留学人才看中国》《国家战略——人才改变世界》和《中国留学人才发展报告》,等等。他作为中国留学人员联谊会副会长和欧美同学会商会创始会长,为中国在海外留学人才在中国的沟通交流作出了重大贡献。作为中组部国际人才战略研究专家组组长和《国家中长期人才发展规划纲要2010—2020》起草组特聘专家,他为海外人才融入祖国建设的长远战略不断建言献策。

在许多读者与媒体人眼中,王辉耀俨然成为"中国海归代言人",正成为当代的容闳。他搜集了一书架子的相关书籍,其中,有好几本"中国留学生之父"容闳的传记。王辉耀说:"容闳是我的榜样。他没有做官,也没有实权,但是做成了很多推动历史的伟大事情。"

从下放到山村公社的漆黑瓦房到考入广州外国语的青春校园,从国家部委的官员到出国深造的硕博研究生,从海外职场商务白领到回国的艰难创业者,从创办海归人才社团到创办全球化研究智库。"路漫漫其修远兮,吾将上下而求索。"人生俯仰之间,几十载光阴似箭,王辉耀的人生越来越开放、包容,他已经习惯于从国际化与全球化的视角和方向经营事业、经营人生。

从留学开始,他的人生便与国际化融合在了一起,国际商务、国际社团、国际化智库,"国际化"一直是他人生中不可或缺的主旋律,是他从未改变的人生使命。在智库事业中,他将CCG的企业全球化和人才全球化研究坚守、拓宽并不断推向纵深,在汇聚"官、产、学"三界的思想库里为"一带一路"倡议之路探究方向、贤聚智慧。在未来,以全球视野、国际影响和中国声音,让中国人才走向世界,用全球眼光发展中国,也必将是他继续不懈努力的目标。

(朱可人)

"一带一路"法律服务探索者——王丽

引 子

2010年1月29日,时任国家副主席习近平走进位于北京金融街的一家律师事务所调研。一位干练的女性迎上前去,如数家珍地向习主席汇报德恒律师事务所党建工作。"这是我们的党员之家,这是三峡工程大江截流,我们为三峡服务了18年;这是农行改制上市团队在做尽职调查;这是德恒纽约分所,原来在纽约世贸中心,'9·11'给炸了……""有损失吗?"领导问。"我们在南楼十八层,人没死都跑出来了,但所有的东西都炸没了。"一问一答,问

2015年12月18日，王丽与巴基斯坦信德省政府投资局秘书长签署谅解备忘录

的亲切，答的真诚，在场的人们印象深刻。在偌大的敞开式办公区，上百名律师正在埋头工作。习主席来到办公区，边走边与律师们一一握手，亲切交谈。几十名律师激动地与主席握手，向主席问好。习主席亲切问候大家，并向德恒律师和全国律师拜早年！在之后的座谈会上，习主席关切地询问律师的执业情况，听取德恒党支部开展学习实践科学发展观活动情况汇报。这位女性朴实爽朗，汇报工作娓娓道来，举手投足间流露着真诚和自信。

这家律所是德恒律师事务所，这个女子是德恒的创始人，蜚声中外的大律师王丽博士。

这是一间怎样的律所，王丽是一位怎样的女性？

时间要追溯到26年前的1992年。那时的王丽任职国家司法部政治部处长。对于这位年轻的女处长,同事们这样评价:专业好,文笔快,才思敏捷,富有激情。由此可见,当时在司法部她应该是春风得意的。可是,就在1993年,她的人生轨迹突然拐弯了。

1. 千人大所之梦

用王丽自己的话说,她做律师是一个"美丽的意外",纯属无心插柳柳成荫。

1992年6月,王丽参加全国司法行政系统的律师公证法律服务情况调研。在江苏、深圳、陕西等地,她到律师所、公证处了解律师公证员的生活与工作,她的感受是,基层法律服务情况令人唏嘘。9月,她向领导交上一沓厚厚的调研报告。这一年的春天,邓小平南方谈话激起全国人民对改革开放新的希望。调研回京后,王丽心潮澎湃,奋笔疾书,写了一篇《市场经济与法律保障》的文章。1992年12月24日,《法制日报》刊登了她这篇署名文章,在文章末尾,她提出一个著名的观点:"市场经济就是法制经济。"

领导找王丽谈话,这次谈话级别到了部长级。领导先是从报告夸起,夸王丽懂专业,有思想,尤其有创新意识,然后对她说,你提的中国要建千人大所的建议很好,现在有个机会,你敢不敢试一试?

原来，司法部要建立一个高素质、综合性、专业化的大型律师服务机构，但不给编制，不给经费，按市场经济方式建立和管理。这是一个充满风险同时又充满机遇的挑战，王丽既然能提出建议，她就是当然的最佳人选。揣着一腔激情的王丽没有立刻答应，而是回答领导要"回去想想"。

家人朋友得知这个消息，没有一人劝她接这个活儿。家人说："这个工作机遇与风险并存，干好了，开出一片新天地；干砸了，就得倾家荡产。你现在工作体面舒适，何必去冒险？"朋友说："此一去山高水深，你很难把握命运，不如抓住现在拥有的。"但王丽天生是个"冒险家"的命。她的血液里奔涌着勇敢者的基因，既敢小小年纪就上山下乡，她更被"我们要建立社会主义市场经济法律服务试验田"的宏大目标所感召，毅然挑起了这副重担。

1993年1月，"中国律师事务中心"在北京饭店挂牌。别看牌子大，司法部可一分钱没掏，连办公室房租的定金都是王丽从家里拿出来的。它就是"德恒律师事务所"的前身。当初王丽的"千人大所梦"，今天已经圆梦，王丽也成为中国首屈一指的顶级大律师。但在许多人眼中，她身上总是笼罩着一层神秘色彩。在一串串闪亮业绩和一个个如雷贯耳的客户面前，她"低调做人"，很少接受媒体采访，即使打赢了很多震惊中外的大案要案官司，她也总是站在幕后默不作声。对于她的巨大成功，人们难免充满了好奇。她说得很实在："我就是能吃点苦。"

德恒的同事见证了她的吃苦精神，更体会了她的胸怀与睿智。律所初创，大事小事她都能亲力亲为，"连打印机都能自己修"。超强的动手动脑解决问题的能力，帮助她应对了无数次大大小小的挑战。在部下眼中，王丽是一个魅力四射的领导者，她的魅力来自强大的意志力，精辟独到的审辩式思维和守正出奇的实施能力，以及不可思议的充沛精力。一位女律师同人说："不论什么时候我们看到王丽主任，她都是精神饱满，思维敏捷，光彩照人。"助理回忆道："主任早上叫我们开会，一拨又一拨，一直持续到晚上十二点。可她居然还两眼放光，给大家条分缕析地分析问题，而她已经两顿饭没吃了！""黄金搭档"李贵方回忆道："一次去湖北十堰办一个涉外案件，途经老河口遇到车祸，主任乘的车子完全报废，她从车里爬出来，揉揉撞晕的脑袋，打了个小'麻木'（湖北农村常用的简易机动小三轮车），又换了个'的士头'（客货两用小型汽车）直奔目的地，竟然没有耽误客户的时间。"

熟悉王丽的人常说："她根本就是超人！"特别能吃苦的人是因为吃过大苦。王丽出生在干部家庭，从小本来没吃过什么苦，学习上也不费劲，考试成绩总

德恒律师事务所主任
王丽在政协会议上

是三甲。她瘦弱,腼腆,少言,听话,从不跟人闹别扭。"文化大革命"使一切都变了样。母亲住院,父亲挨斗,常有一堆大人们找上门来"理论"。一次,一大帮人找到家里来,她告诉家里人谁也别出来,自己把门一关就出去跟人家"理论"。没想到,这些围上门来的人跟这位小学生"辩论"一番后,竟然撤走了。家里人问:"你说了什么?"她笑笑说:"他们要揪斗走资本主义道路的当权派。我跟他们说他们找错人了。"从此,人们知道了"老王家的姑娘挺能说"。在最应该读书的年纪,她到乡村插队,学会了推小车、出栏(掏猪粪)、上河工,用人类最原始的方式养活过自己。她回城到大集体汽配厂当工人,学会了翻砂和开C620车床。

1977年恢复高考,她幸运地考上大学,毕业后留校当了大学老师。像同代人一样,她把蓄积多年的能量爆发在学习上。国家改革开放的东风催动一代新青年,她好风凭借力,研究"重商主义""人力资本",继续攻读硕士,攻读博士,到牛津大学访学,一路在追赶逝去的学习时光。她本科毕业论文发表在《山东师范大学学报》上,硕士毕业论文发表在《中国社会科学》上,博士毕业论文《律师刑事责任比较研究》由法律出版社出版,获得司法部"金剑图书工程一等奖"。她的青春似乎比别人要长,总想把一天当成两天用,这让她时常忘记吃饭,忘记睡觉,忘记疲惫,写文案常常是一宿到天明。丰富的经历使王丽沉淀了从基层到部委、从本土到西方的大把经验,让她看问题做事情拥有独到的眼光和犀利的见解,往往三言两语,直指核心。这也显示了她一向的做事风格:不做则已,要做就剑及履及!中国律师事务中心初建之时,她确定了"野心勃勃"的目标:要把中心建成法律服务的"国家队"。

小女子的千人大所梦,被人贬斥"简直幼稚可笑"!别人的讥讽,王丽不是没有听到,她劝同事们不要浪费时间去听别人怎么议论你,只要拿活儿说话就好。一年后,一个消息惊爆了中国法律界:王丽带领团队,拿下了一个多少律师都梦寐以求的大项目——中国长江三峡工程开发总公司的法律顾问!葛洲坝电厂厂长与王丽开会时,问起一个很难办的案子。她以极其专业的法律判断,让那位厂长看到了一丝希望。王丽带着德恒律师从几大摞厚厚的材料中寻找蛛丝马迹，凭借高超的专业能力，将电厂的案件扳了回来。办案历程之艰难，让她终生难忘。1993年时，三峡大坝所在的中堡岛野草齐腰，蝴蝶翻飞，无人驻留。那时，去三峡工地是一件苦差事，武汉到宜昌的高速公路还没开建。王律师们都是从武汉下飞机，乘汽车，再颠簸七八个小时才能赶到宜昌，每次到宜昌都是后半夜了。德恒律师披星戴月奔赴一线的服务诚意与专业能力，终于打动了客户。三峡总公司聘请德恒为常年法律顾问，这是德恒继获中国人民银行法律顾问合同后拿下的又一款大单，德恒从此驶入了事业发展的快车道。

千人大所不是梦。王丽请教一位从延安过来的老前辈，知道了"有多大台就唱多大戏，要唱多大戏就搭多大台"的道理。她将律所定位为高素质、综合性、专业化的中国特色的国际化"千人大所"。在中国律所的规模普遍只有"十来个人，七八条枪"的20世纪90年代初，这个目标简直是惊世骇俗。目标树立后，就是设定发展路径和时间表，构架发展布局。王丽与吉林大学张文显副校长对共同合作办一所新型律师学院形成共识。1993年，吉大与中心签署合作协议，筹备成立全日制高考招生的吉林大学德恒律师学院。经过王丽不懈努力，1995年德恒律师学院获得世界银行50万美元的支持。"德为先，恒久远"，律师中心打造的"德恒"品牌已初具影响力，1995年，中心更名为德恒律师事务所。"德行天下，恒信自然"成为德恒人的宗旨。如今，梦想已经成为现实。德恒全球员工2500余人，旗下38个分支、公益与合作机构，在境外拥有160个分支与合作机构，出色完成了一系列具有深远社会影响的重大法律服务项目，创造了中国法律服务领域的多项第一。

2. 驶向市场经济的蓝海

1997年，在三峡工程大江截流现场，陆佑楣总经理对王丽说："你们也是三峡工程的建设者！"这句话让她与德恒人泪奔，能为这人类最奇伟工程奉献智慧和力量将成为他们终身的骄傲。25年过去了，德恒人为三峡服务了25年。从总公司成立的章程审核，到数百亿三峡债券发行、长江电力上市、三峡发电资产整体上市，王丽带领着律师们参与了所有的重大案件，包括为三峡代理的诉讼仲裁案件全部获得胜诉并成功执行。令她们骄傲的是，今天的三峡电站成为当今世界上最大的水电站，装有32台70万千瓦和2台5万千瓦的水轮发电机组，总装机容量为2250万千瓦。截至2017年3月1日12时28分，三峡电站累计发电量突破1万亿千瓦时，足够1亿个三口之家用5.72

年。减排效益相当于在我国增加了 1/3 个大兴安岭林区。（《三峡发电量突破一万亿千瓦时，为世界水电提供中国样本》，中国经济网，2017 年 4 月 10 日）

1993 年，王丽和德恒律师事务所均首批获得证监会和司法部授予的中国律师证券业务资格。王丽签署了德恒为法人股上市第一个法律意见书，带领德恒开始了在中国法律服务界狂飙突进式的业务拓展。他们先后为南水北调、京沪高铁、中铁建 A+H 股上市等诸多重大项目提供法律服务，在业界建立了赫赫功名，律所本身也不断发展壮大。作为大型国有商业银行改革的收官之作，2010 年中国农业银行 A+H 股上市创下了经历最曲折、法律工作量最大最复杂、上市冲刺时间最短、战略配售规模最大、募集资金最多等多项国内和全球资本市场之最。德恒作为发行人律师，组织了强有力的项目团队，全程参加了农行的财务重组、改制为股份公司、引进战略投资者以及 A 股和 H 股的同步发行上市工作，该项目成功募资 221 亿美元，成为当时全球最大的 IPO。德恒作为专项法律顾问，帮助中国平安保险集团收购深圳发展银行。该收购是金融业混业经营、综合金融的重大创新，两家公司的流通股市值高达 5000 亿元人民币，项目前后交易涉及的资产总额逾 1 万亿元，创造了中国资本市场有史以来最大的交易纪录。

2010年，德恒通过境内外上市、再融资、票据、企业债券、设立基金等方式，提供法律服务的集资资金总额达2450.2亿元人民币，其中德恒担任发行人律师的IPO项目募集金额1721亿元，占国内企业IPO融资总额的23.7%（投中集团《2010年中国企业上市统计分析报告》数据），占全球IPO融资总额的9.4%，分别名列中国和亚洲律师事务所第一。德恒以精湛的法律服务帮助中国重汽在香港证券交易所红筹股成功发行上市，发行了第一支人民币企业债券，创造了人民币"走出去"的第一个债券产品，受到投资者追捧，取得了超预期募集27亿元港币的良好效果。德恒进入全球金融界私募股权资本运作的高端平台，为中金公司股东摩根士坦利股权境外转让提供法律服务。这次转让突破了国内传统惯例，第一次引进合伙金融机构作为股东，创新了监管模式。在无前例可援的情况下，德恒与监管部门在法律理解和制度创新上做了高水准的交流沟通，转让获得成功，金额超过10亿美元。在这些重大项目的法律意见书上，王丽郑重地签下了自己的名字。

王丽一直坚持：做事以"德"为天，做人以"信"为本。正是存实心，说实话，办实事，她领导的德恒在业界有口皆碑。国内外大型企业纷纷找上门请德恒提供法律服务。德恒服务对象既包括全国社会保障基金理事会、财政部、卫生与计划生育委员会、国家能源局等政府部门，又覆盖三峡集团、中国烟草、中国一汽、中国重汽、中国华润和中国移动等大型企业。中国科学院、中国工程院及两院院士更是德恒服务25年的忠实客户。上海证券交易所、上海期货交易所、上海金融期货交易所、上海保险交易所、北京金融资产交易所等平台也是德恒的要素市场客户。在一汽并购夏利一案中，德恒所更是提供了超值服务：一线律师不仅身兼法律顾问，而且还在收购方案制定和重要框架设计等方面发挥了不可替代的作用。最终，德恒律所以"参与者"的身份见证了中国汽车行业史上规模最大的这次并购。此时的德恒，已经成为名副其实的法律服务国家队，成为无可辩驳的行业翘楚。可是，已是中国赫赫有名的大律师的王丽并没有就此满足，她的目光投向了更远的地方。

3. "走出去"天高海阔

王丽，如同一个神奇的万花筒，她似乎有无限的可能，每一个可能都异彩纷呈。自从走出司法部，她没有一天停止成长的脚步，她的德恒，同样没有一天停止精彩的前行。中国从恢复高考起算到今天，改革已经进入不惑之年，中国经济发展与法治进步突飞猛进。中国企业的海外投资由小到大、由弱到强、由单一到多元,"走出去",尤其是民营企业走出国门成为中国经济的战略导向之一。德恒从率先介入经济建设主战场,首倡全球合伙制度到建立全球服务网络,走过了一条开拓蓝海、勇立潮头的探索之路。

1995年,王丽率领团队代表中国客户,打赢了中国企业应诉美国一次性打火机反倾销案。1999年,德恒荷兰海牙分所成立,时任中国驻荷兰大使馆大使的华黎明先生出席开业典礼。2001年,王丽又带领德恒首创全球合伙制度,设立了德恒纽约、巴黎等分支机构。跟着客户走出去,以需求导向走出去,以服务立身走出去,她的人生进入一片崭新的蓝海。在为"走出去"法律服务开疆拓土之时,德恒在不断成长,王丽在不断进步。亚洲、欧洲、非洲、中东、西亚、太平洋、北美、南美……每一个地方都留下了王丽的脚步。她帮助巴西证券期货交易所、阿根廷银行在中国建立机构,担任德国安联集团与境内券商的合资基金公司独立董事达10年之久。经历了"9·11"德恒纽约办公室被炸,王丽想到要抓紧全球服务网络的布局,而不能仅仅盯住几个大国的服务市场。20年的努力,结出丰硕成果,德恒的全球服务网络已经为客户在全球投资提供了有力的法律服务支持。2004年,王丽与贾怀远律师飞到迪拜建立了德恒迪拜分所,2016年又拓展设立中东办公室，面向北非、西亚和海湾6国提供法律服务。

中国企业"走出去"的方式从传统贸易到现代的投资收购、项目融资和基金设立等需要律师全程服务。德恒律师将传统服务提升到牵头地位，参与全程法律服务，包括项目架构设计、海外交易文件草拟和谈判及海外政府审批等。从律师业务全球延伸的广泛性能够清楚地看到经济全球化的影响。例如，被业内专家认为是非常复杂的建投投资和三诺收购拜耳的医疗仪器交易，涉及44个国家的资产、上市公司等，交易结构涉及极为复杂的法律问题。德恒律师替代以往西方律师的牵头地位，克服了所有交易难题，提供了所有法律支持直至项目获得成功。2017年2月7日，北京建广资产管理有限公司收购荷兰飞利浦公司创立的恩智浦半导体，交易金额达27.5亿美元。德恒作为并购交易和并购贷款的牵头律所，代表建广资产完成了相关并购和融资工作，创下了国内律所主导和牵头跨境并购银团贷款项目的行业先例之一。德恒代表客户完成了以LMA标准协议为蓝本的定期银团贷款协议的谈判和修订，协调指导多个不同法域的律师完成境外股权和资产抵押、质押担保文件的谈判和修订，并协助推进本次贷款项目与并购交易数十个法域的剥离和交割程序的相互衔接和配合，为德恒在国际并购银团贷款领域又树立一个标杆项目。德恒对"一带一路"几十个国家的上百个项目提供了法律支持,包括习主席出席见证签字仪式的巴基斯坦卡西姆电站和哈萨克斯坦阿斯塔纳轻轨项目。

王丽的勤奋从未停歇。作为律师"走出去",她还得到了意想不到的收获。在荷兰,她旁听了联合国前南斯拉夫刑事法庭对南斯拉夫前总统米勒舍维奇的审判,连续写出23期小通讯,刊登在《法制日报》上。在英国,她在牛津大学做访问学者期间,访问了《英国刑法》的作者史密斯爵士,并与李贵方等一道翻译了《英国刑法》。她经刘大群法官推荐访问前南刑庭的梅大法官,获得授权翻译了他的著作《英国刑事证据》。两部英国刑事法律书籍的翻译出版为中国的法学教育研究做出了贡献。20世纪90年代,中国发生了大批执业律师因代理刑事辩护而陷入冤狱的情形,王丽放下自己熟悉而又报酬丰厚的证券业务,决意研究律师的刑事责任。她说:"我们做律师的,是要为当事人维护法律权利,当我们连自己的法律权利和责任都不清楚,都不能维护和坚持,那中国的法治建设还要我们做什么?"她心潮难平,毅然报考何鹏先生比较刑法专业博士研究生。她苦学四年,做出一篇被陈兴良教授评价为"填补了中国刑法学研究空白"的《律师刑事责任比较研究》博士论文。她提出"律师刑事责任豁免"

的著名观点和内容，已经被当今中国刑事法律立法所采纳，律师的职业权利保护得到长足的发展。

　　繁忙的工作仍然压抑不住王丽那颗跳跃之心。2006年7月15日清晨，荷兰阿姆斯特丹市市长在中心广场发令，108辆披红挂彩的赛车马达轰鸣。一场从荷兰到北京，跨越14个国家，行程17500公里的"老爷车拉力赛"发车了！此行唯一的中国法律顾问王丽，坐上组委会主席开的越野车，一路风景，一路艰辛！8月11号，居庸关上人头攒动，鲜花、彩带、大幅标语欢迎赛手们到达终点！王丽被同事们热烈拥抱，欢迎回家！8月18号，《老爷车神奇之旅》中英文双语的新书发布会在长安俱乐部召开。尚未回国的5个车队的荷兰赛手看到书上印着自己参赛的照片，激动不已。这个跟驾到黑海的中国女人竟然写了他们的"神奇之旅"，他们捧着带着墨香的新书，纷纷让王丽签名见证。

4. 首创"一带一路服务机制"

　　习主席提出"一带一路"重大倡议打动了"走出去"的大律师的心。王丽发现，客户"出海"寻求投资合作，多是习惯于自己先"走出去"找项目，直接谈判，最后写合同时才找律师。此时，律师在交易结构、金融安排与条件设置等方面往往无法用力,在抢项目赶时间时,就不能完好地设置防火墙。还有的企业干脆就是用国外合作伙伴聘请的律师。从许多在海外投资失败的案例看,一些企业还不懂如何在投资合作中保护自己的合法权益,许多技术问题最终变成法律问题,许多经济问题最终变成政治问题,许多人与人之间的文化与沟通问题最终可能演变为外交冲突。如何使"政策沟通、设施联通、贸易畅通、资金融通、民心相通"落在实处?王丽思索再三。

首先要解决我国企业在"走出去"过程中遭遇的各种风险和难题。王丽认为,以法律人的眼光看,"走出去"要了解目的国的信息、政策、法律、标准、经济、金融、文化、政治生态和风土人情,要有真切的风险评估。单靠一个行业一个单位是不能完成这些职能的。在"一带一路"沿线,有些国家和地区仍有炮火硝烟,政治生态不稳定,经济体系薄弱,金融信用较低,市场风险很大,很多公司机构也缺乏有效的风险管理与应对能力,迫切需要一个能够提供综合性专业服务的支撑体系。这位善于先行先试的探索者,决心帮助中国企业改变现状,预防并解决这些问题。

王丽认为,"一带一路"建设项目,多半是在经济基础比较薄弱国家和地区,中国要与他们共商、共建、共享。但是这些国家的法律有的反而比较先进,甚至有很强的西方英美法律体系的色彩。在这些国家进行投资贸易应当法律先行。企业应该请律师早期进入项目，利用各国专业法律服务机构做好尽职调查，把目的国法律、政策、环境标准以及经济文化等研究清楚，从而获得真实的投资与贸易决策的依据。金融支持是早期投资架构设计和项目起步必不可少的。如何将这些服务及时、准确地为企业配置好，需要有一个服务的机制。这个机制既不能合资，也不能合伙，因为中国和外国企业与这些机构之间对合资、合伙心存顾忌。

经过广泛探讨，王丽突然想到一个点子，建一个既不合资也不合伙的"一带一路服务机制"，即由各国商会协会、中介服务机构和企业参与的综合性专业服务平台。这个建议受到广泛欢迎，中国五矿化工进出口商会、中国产业海外发展协会、中国开发性金融促进会、中国民营经济国际合作商会及意大利 CBA 律师所、奥地利 Wolf Theiss 律师所、哈萨克斯坦国际商会等机构积极参与。2015年10月，"一带一路服务机制"（The Belt and Road Service Connections）在中国北京发起，王丽带着德恒团队飞赴意大利米兰。10月2日，新华社播发新闻："德恒律师事务所日前在米兰宣布启动一带一路服务机制，成为首家在意大利积极推动为'一带一路'相关项目提供服务支持的中国律师事务所。

王丽表示，这一机制将由'一带一路'沿线国家的律师、会计师、评估师事务所等各类服务机构组成一个能为沿线国家投资与项目落地实施和经贸往来提供系统服务的互动平台。她还说，选择在意大利推出这一机制，是因为意大利是古代丝绸之路的终点，现已成为东西方经贸交流与合作的热点地区。

意大利前驻华大使白达宁在启动仪式上表示，意大利和中国之间首要的是相互了解，一带一路服务机制有助于迅速向中国企业提供相关资讯，使其了解当地政治、经济和法律环境。"

通过法律咨询、项目推介和服务与争端解决等方式，为"一带一路"建设提供强大的专业支持。这种以多层次资源配置为核心的市场服务机制，为企业"一带一路"跨境融资提供开发性金融法律支持。国家开发银行、进出口银行和工商银行、交通银行、中国银行等的22个项目的融资以及企业设立的8个海外基金，其中，包括国家级的汉德基金，获得了服务机制成员——德恒律师事务所的法律支持与服务。其中，国家开发银行与俄方多家金融机构和企业签署的合作协议，由中国国家主席习近平和俄罗斯总统普京见证。这种"混搭"式资源配置与功能协同，体现出机制成员在法律、商事、金融等各个方面领衔主演的创新服务模式。2016年5月25日，王丽在哈萨克斯坦阿斯塔纳"博鳌亚洲论坛"上发表主题演讲，以园区对接推动"一带

2016年5月29日,"'一带一路服务机制'第一次全球会员大会在北京召开" 赵宇健 摄影

一路"国家的基础建设,受到与会各国代表的关注。

2016年5月29日,"一带一路综合服务机制高端论坛2016"在京召开,来自中国、法国、意大利、荷兰等国嘉宾就"一带一路"综合服务、国际商事调解、国际产能合作、新能源国际合作等议题展开讨论。一带一路服务机制第一次全球会员大会选举产生了主席王丽女士、中国共同主席陈锋先生、意大利共同主席伯尼索尼先生、调解委员会主席沈四宝先生。2017年2月22日,"一带一路服务机制"主席办公会通过决议,设立主席团制度。

"一带一路服务机制"能做什么?王丽在大大小小近百场论坛和研讨会上作了阐释:一是对接"一带一路"中六大经济走廊,推动这些国家投资需求和项目与中国企业对接,促进精准的信息交流、项目成型落地与能力建设,多机制协同出海,保证资产的安全与增值。二是促进国际产能合作,参与全球产业链和供应链的重构。将国内的资本、技术和能力带到全球,加速自身的产业升级、提升全球化进程。三是整合国际服务资源与能力,联合海内外咨询、法律、会计、金融、科技、企业、商会和政府机构,协助中国企业在"走出去"相关的投资、合作、创办实业、并购、重组、融资过程中,评估投资环境和识别投资风险,提出应对策略、提供专业的系统服务。四是促进资源对接，在机制平台上获取项目国资源，包括但不限于土地、产业园、政策、资产、金融支持等。五是采用多边与双边机制或一对一定点方式，提供相关政治经济及法律方面的研究报告和风险评估报告、组织项目考察与落实、定制专业培训、提供尽职调查资料、进行技术与交易结构设计评估、建立风险防控机制、建设网站和联络机制等。六是利用专业机构提供一站式包含国际法律、审计、评估、财务、税务顾问及公共机构等综合专业服务。七是推行商事调解，简化争端解决。在机制内各项目中产生的任何争议或分歧，均应先行提交一带一路商事调解中心调解。以和谐为核心价值的调解，正是以中国式哲学和智慧开创的多元化纠纷解决机制。

目标明确，任务清晰，在王丽的带领下，"一带一路服务机制"从建立那天起就开足马力，高效运转起来。机制组织成员参与和组织了中国中部国际产能合作论坛、"一带一路"中国—伊朗合作发展国际研讨会、"一带一路"中国—哈萨克斯坦合作发展国际研讨会、空中丝绸之路研讨会等交流活动96场次，充分发挥了聚贤引能、合作共赢的服务对接作用。以德恒所为例，已为"一带一路"几十个国家的上百个项目提供了法律支持。2016年8月9日至11日，德恒承办的"丝绸之路经济带"新疆·克拉玛依论坛（2016）"园区建设"分论坛，吸引了来自巴基斯坦、伊朗、哈萨克斯坦、吉尔吉斯斯坦以及国内园区、企业150余位代表参加，签署了4个项目合作备忘录，项目资金达数亿美元。

5. 创建"一带一路国际商事调解中心"

"一带一路"建设涉及国家之多、范围之广、层次之深是史无前例的。政治、民族、宗教、法律、劳工、环保、税收、海关、合法合规、财政金融、宗教文化、人文环境等风险此起彼伏，尤其在项目谈判、落地实施以及法律纠纷解决上需要公正与智慧。"打官司""解决法律纠纷"，王丽有二十多年的律师经验，在一些关键的大案要案上，她的过人智慧，往往是制胜的关键。她是中国国际贸易仲裁委员会仲裁员，担任了10年全国工商联执委。作为律师、仲裁员，她谙熟法律诉讼的门道和技术，也深深体会到国际仲裁的宽松和局限；作为工商联执委，她更知道企业家尤其是民营企业家对法律救济的无助和渴望。

她将这些在诉讼仲裁中反映出的深层社会矛盾和国际纠纷法律救济的贸易保护与"一带一路"建设法律服务的特殊现实需求进行了审慎的研究，做了深刻反思：如何使轰轰烈烈的"一带一路"建设不会落入到传统法律救济遇到的陷阱当中？如何使中国企业和目的国企业在投资贸易合作中，不会落入第三方的控

"一带一路国际商事调解中心"在线调解系统

制之中？投资做生意就会有纠纷，如何使纠纷的解决基于善意之上并各得其所，而又不会留下更大的隐患？"亲诚惠容"的"一带一路"周边关系如何在法律上能够获得保障？经过一年多来在各种智库的思维碰撞和法律研判，王丽又提出了令人意想不到却又倍感振奋的新思路：建立一带一路国际商事调解平台。

她提出建立的国际商事调解中心，对中国企业"抱团出海"简直是一项超大福利：①基于当事方自愿，更容易解决纠纷，也可顺利执行；②在线调节程序更简易、高效；③达成调解协议，使纠纷解决更加切合实际；④减少对抗，有利于维护当事人长远利益和友好关系；⑤更加保密；⑥成本更低。

"一带一路服务机制"的建立为国际商事调解奠定了基础。在北京市委、市政府支持下，在服务机制调解委员会指导下，"北京融商一带一路法律与商事服务中心暨一带一路国际商事调解中心"正式成立。2016年10月18日，"一带一路国际商事调解中心"在线调解系统上线运行(http://www.bnrmediation.com)。央视新闻频道报道了这一新生平台的设立，迅速在全球传达了中国在"一带一路"建设中解决纠纷的善意和能力。(《一带一路国际商事调解中心网络调解系统正式上线》，中国经济网，2016年10月19日）调解中心借助互联网智能辅助技术，将多项在线调解纠纷功能融为一体，形成独有的纵向贯通、横向集成、共享共用的在线纠纷调解模式，为纠纷双方和调解员提供了更为有效的工作平台。最高人民法院也将中心纳入"多元化纠纷解决机制改革研究课题组子课题单位"。

6. 法律人的使命

漂亮的先行一步！创新、领先是王丽的一贯作风，尤其在理论研究和实践上，她又上一层楼。党的十八届三中全会提出全面深化改革。混合所有制改革是深化改革的重要内容。王丽凭着理论研究的敏感，对法律实务中遇到的和国有、民营企业息息相关的重大问题进行研究，写下长篇文章《混合所有制改革的关键在于完善产权平等保护制度》在报纸发表。国家发改委公开招标"产权保护研究课题"，王丽带领德恒研究团队一举中标。经过艰苦细致的调查研究，王丽主笔完成了10万字的研究报告，提交给国家发改委。

2016年11月，中央全面深化改革领导小组第二十七次会议，审议通过了《关于完善产权保护制度依法保护产权的意见》，对完善产权保护制度、推进产权保护法治化有关工作进行了全面部署。这份历史性的重要文件确立了产权保护的基本原则：产权制度是社会主义市场经济的基石。完善产权保护制度、依法保护产权，关键是要在事关产权保护的立法、执法、司法、守法等各领域体现法治理念，坚持平等保护、全面保护、依法保护。要在加强各种所有制经济产权保护，完善平等保护产权的法律制度，严格规范涉案财产处置的法律程序，完善政府守信践诺机制，完善财产征收征用制度，加大知识产权保护力度，健全增加城乡居民财产性收入的各项制度等方面，加大改革力度，不断取得工作实效。(《中共中央国务院关于完善产权保护制度依法保护产权的意见》，新华社，2016年11月27日) 德恒提交的研究报告的很多观点和建议都得到了支持和采纳。

"你是共产党员吗？"一位外国客户问她。"是。""共产党员都是你这样的吗？""是。""那共产党很不错嘛！""是的。中国共产党是先锋队，她把中国每个历史阶段的优秀分子都吸收进来了。"王丽的回答简练而坚定。外国客户盯着她，仔细品味着这位中国大律师的话。他哪里知道，王丽领导的德恒党支部不但业务做得好，党建工作也做得有声有色。2012年，德恒党支部获得中组部授予的"全国创先争优先进基层党组织"称号。王丽是北京市第十一次党代会代表、北京市政协委员、中国妇女第十一次全国代表大会代表。她和德恒，不仅是中国法律界翘楚，也受到国内外同行的赞扬，口碑带来更多的业务。王丽认为，兵无常势，水无常形，法律服务要守正出奇。一旦出手，必出奇制胜。法律人要守住法律、行规和党纪的底线，秉持诚心、恒心、慎独之心。

卓越的人之所以卓越，因为他们从不会停下奔跑的脚步，从不会停止向着更高远处攀登。王丽总把辉煌当成起点，她为德恒设立了没有最高只有更高的目标："德恒创建20年之时，要创造多个法律服务的世界纪录；德恒创建30年之时，要建立起具有中国文化包容性和制度先进性的国际化律师事务所；德恒创建50年之时，要实现全球主要经济区域国家法律服务全覆盖……"

（文　炜）

后　记

"一带一路"相关国家众多，代表性人物众多，为中外交好、民心相通作出杰出贡献的人士众多。因此，为"一带一路"璀璨群星立传，既使命光荣，又责任重大。在这项浩大工程的策划、组织、执行过程中，有许许多多的人士参加了有关传主的名单征集和审定，以及写作、翻译、审读、编辑、出版、筹资、联络等繁重而琐细的工作。所有参与的人员，以拳拳报国之心，尽深厚学养之力，克服了时间紧、任务重、要求高、压力大等诸多困难与挑战，最终圆满完成了任务。在本书付梓之际，丛书编委会特向参与本项目的全体同志致以崇高敬意和衷心感谢！

同时特别需要鸣谢的是，提出策划并领导实施此项目的中国传记文学学会会长王丽博士，基于长期法律实务经验和担任"一带一路服务机制"主席职务的便利，她对相关国家和"走出去"的"一带一路"建设者和广大青少年的需求了解真切，提出应当为他们写一套介绍各国典型人物的简明易读的传记，为他们提供健康的精神食粮。她把这项"额外"的工作当成了事业，联袂商会筹集资金、苦口婆心招揽作者、精心挑选传主名录、夙夜青灯挥笔写作、近乎偏执逐字推敲、亲力亲为呕心沥血。面对如此浩大的出版项目和繁重的出版任务，中国出版集团华文出版社不但毅然承担了出版任务，而且集团和出版社的领导与中国传记文学学会的负责同志一起协商，寻求有关部门的支持和帮助，努力将该传系打造成高质量的精品好书。在此，我们特向项目牵头人和中国出版集团公司、华文出版社的相关领导和编辑致以崇高敬意和衷心感谢！

尤其让我们感动的是，在项目执行过程中，一些富有家国情怀的民间商会和企业家的慷慨解囊，虽不足以支撑项目的全部费用，但是他们所表现出的热心和支持，让我们坚定了走下去的信心和决心。在此，我们要特别鸣谢为本书的创作出版做出捐赠支持的中国民营经济国际合作商会、亿阳集团股份有限公司、富通集团有限公司以及太平洋证券股份有限公司,并对他们的拳拳报国之心和慷慨无私帮助致以崇高敬意和衷心感谢!

  一项伟大的事业,离不开许多默默无闻的奉献者。在本传系的组织、编写、出版过程中,有历史、文学、科研、外交、教育、法律、翻译、出版等领域的数百位专业人士参与,恕不能在此处一一详列。需要特别提出的是,鞠思佳、景峰等同志为组织联络、搜集资料到处奔波而毫无怨言,唐得阳、唐岫敏、白明亮、谭笑等同志在编写、翻译和编辑、校对过程中的细致与负责让我们感动,赵实、胡占凡、高明光、吴尚之、刘尚军、李岩、王灵桂、李永全、陈小明、许正明、宋志军等同志睿智的指点和专业的帮助让我们避免了走许多弯路。在此,我们特向以上各位同志致以崇高敬意和衷心感谢!

  当然,由于我们水平所限,本丛书难免有某些不尽人意之处和瑕疵,敬请学界专家和各位读者不吝赐教,我们将在作品再版之时吸收完善。在此,我们也向各位读者提前表示崇高敬意和深深感谢!

"'一带一路'列国人物传系"编委会
2018年3月8日